SERVIÇO SOCIAL DO COMÉRCIO
Administração Regional no Estado de São Paulo

Presidente do Conselho Regional
Abram Szajman
Diretor Regional
Danilo Santos de Miranda

Conselho Editorial
Ivan Giannini
Joel Naimayer Padula
Luiz Deoclécio Massaro Galina
Sérgio José Battistelli

Edições Sesc São Paulo
Gerente Iã Paulo Ribeiro
Gerente adjunta Isabel M. M. Alexandre
Coordenação editorial Francis Manzoni, Clívia Ramiro, Cristianne Lameirinha
Produção editorial Maria Elaine Andreoti
Coordenação gráfica Katia Verissimo
Produção gráfica Fabio Pinotti
Coordenação de comunicação Bruna Zarnoviec Daniel

Ladislau Dowbor

O Capitalismo SE DESLOCA

Novas arquiteturas sociais

© Ladislau Dowbor, 2020
© Edições Sesc São Paulo, 2020
Todos os direitos reservados
1ª reimpressão: 2021

Preparação Bibiana Leme
Revisão Elba Elisa de Souza Oliveira
Capa e projeto gráfico André Hellmeister / Estúdio Collages
Diagramação Thais Ventura

Dados Internacionais de Catalogação na Publicação (CIP)

D7526ca	Dowbor, Ladislau O capitalismo se desloca: novas arquiteturas sociais / Ladislau Dowbor. – São Paulo: Edições Sesc São Paulo, 2020. – 196 p. il.: grafs. Tabs. – Bibliografia ISBN: 978-65-86111-07-1 1. Ciências sociais. 2. Economia. 3. Capitalismo. 4. Arquiteturas sociais. I. Título. CDD 301.24

Edições Sesc São Paulo
Rua Serra da Bocaina, 570 - 11º andar
03174-000 - São Paulo SP Brasil
Tel. 55 11 2607-9400
edicoes@edicoes.sescsp.org.br
sescsp.org.br/edicoes

 /edicoessescsp

Sobre como ler os ventos // 11
Danilo Santos de Miranda

Prefácio // 15

Uma nova arquitetura social? // 21

I. A transformação na base produtiva da sociedade // 29
A tecnologia como principal fator de produção // 30
A revolução no próprio sistema de expansão do conhecimento // 30
Conhecimento e conectividade: a era da internet // 32
Uma redefinição do espaço e do território // 33
A economia do intangível // 34
Uma riqueza indefinidamente multiplicável // 39

II. A mudança nas relações sociais de produção // 45
Da concorrência de mercado à organização interempresarial // 46
Do lucro sobre produção à renda sobre aplicações financeiras // 51
Apropriação do excedente social pelos intermediários financeiros: o capital improdutivo // 54
O aprofundamento da desigualdade // 64
O deslocamento das relações de trabalho // 69
A lógica do capital cognitivo // 73
O deslocamento dos mecanismos de mercado // 78

III. As superestruturas do sistema // 85
A governança planetária // 86
A apropriação da esfera pública pelo sistema corporativo // 89
A apropriação do conhecimento // 91
O conto ideológico: a narrativa do merecimento // 95
O estreitamento dos espaços de liberdade individual // 98

IV. As oportunidades no horizonte // 105
O acesso ao conhecimento – *open access* // 107
A conectividade e a sociedade em rede // 111
O potencial da colaboração // 113
As transformações demográficas // 117
O potencial das políticas sociais // 121
O acesso aos recursos financeiros // 124

V. Os limites da racionalidade: afinal, o que somos? // 133
O primata dentro de nós // 135
Motivações e justificações // 141
A banalidade do mal // 151

VI. A perda do controle: uma sociedade em busca dos novos rumos // 161

VII. Ontem e hoje: sistematização das mudanças // 175

Referências // 187

SOBRE COMO LER OS VENTOS

A participação dos indivíduos na vida social ocorre de maneiras diversas. No caso daqueles que dedicam a maior parte de seu tempo e energia para analisar e interpretar a realidade, buscando desse modo efetivamente influenciá-la, alguns desafios parecem especialmente relevantes. Entre eles, é exigida acurada sensibilidade no que diz respeito às formas como o tempo influenciará os empenhos reflexivos.

Isso significaria indagar qual seria o distanciamento temporal adequado para que as coisas do mundo revelem suas distintas faces, sem que se incorra em dois possíveis extremos: por um lado, diagnósticos de afogadilho correm o risco de deixar escapar desdobramentos que só se revelariam com o assentar da poeira; por outro, o excesso de prudência distancia o sujeito do calor das dinâmicas em curso, dificultando a conexão entre teoria e prática.

O economista Ladislau Dowbor tem manobrado com precisão essa equação ao longo de sua trajetória. Nesse itinerário, conjugou a capacidade de pensar as problemáticas de um Brasil atravessado por questões globais com o envolvimento efetivo em gestão e política públicas, sem desguarnecer nenhum dos flancos. A presente publicação é coerente com esse comprometimento.

Munido de ferramentas que conectam a esfera da economia a diversos campos do conhecimento – expediente que dá ao pensamento econômico sua justa amplitude, em vez de submetê-lo a uma compartimentalização que dificulta a abordagem de problemas complexos –, Dowbor embrenha-se em dilemas contemporâneos que conjugam opacidade e contundência.

Uma problemática central parece orientar tais reflexões: a possibilidade de se considerar a atual etapa histórica como mais um estágio do capitalismo ou, ao contrário, a hipótese de que a mudança de condições no modo de produção, baseado principalmente em bens intangíveis, aconselharia mobilizar outras categorias. Nesse segundo caso, seria dever dos analistas a revisão de suas leituras do panorama socioeconômico sem recorrer unicamente aos recursos que as críticas ao sistema capitalista permitiram forjar.

A argumentação desenvolvida pelo economista brasileiro lida com informações, dados e estatísticas produzidos nos últimos anos, o que dá ideia da ambição do projeto que se apresenta. Afinal, o que se busca empreender é uma anamnese da circunstância atual num tal grau que põe em xeque parâmetros basilares do nosso entendimento, isso tudo durante a vigência da própria tempestade.

Como já desenvolve há tempos em outras obras, a noção de improdutividade das elites econômicas é central para Dowbor. Contrastando com ela, percebe-se a energia produtiva de um texto que visa eriçar os leitores. Delineia-se um livro vivo que, ao pulsar, demanda um engajamento de mentes e corpos. Compreender para transformar, eis o estribilho assoviado em suas páginas.

A iniciativa de publicar *O capitalismo se desloca: novas arquiteturas sociais*, respeitando a coerência do autor em disponibilizar gratuitamente a versão digital, é resultado de uma convergência de pontos de vista sobre a capacidade do mundo editorial de esboçar novas sendas. Para onde elas apontarão, trata-se de algo que dependerá não só das bússolas de que se dispõe, mas principalmente da adesão a valores como igualdade e cidadania, que devem pairar acima de categorias transitórias.

Danilo Santos de Miranda
Diretor do Sesc São Paulo

PREFÁCIO

Estamos todos procurando novos caminhos. Wolfgang Streeck constata que pode não ser o fim do capitalismo, mas sem dúvida o fim do capitalismo democrático; Joseph Stiglitz, mais otimista, sugere um *progressive capitalism*; Thomas Piketty, um socialismo participativo. Bernie Sanders resgatou a legitimidade e o potencial do conceito de socialismo. Mas não se trata de etiquetas, porque as soluções não estão no passado, apesar do forte eco que apresentaram o *Make America great again* de Trump ou a promessa de resgatar o controle da nação do Brexit. Trata-se de entender e qualificar os mecanismos que regem essa súbita aceleração da história, a transformação estrutural do mundo que conhecemos.

No momento em que escrevemos, o mundo olha entre pasmado e assustado o impacto destruidor de um vírus minúsculo, que de repente revela toda a nossa fragilidade. Depois de nos termos convencido de que fomos feitos à imagem e semelhança de deuses, nos damos conta de que somos feitos das mesmas células que toda a natureza – mais espertos, sem dúvida, mas igualmente vulneráveis. Já pensamos em colonizar Marte, mas ainda estamos aprendendo a sobreviver na Terra.

A pandemia que nos ataca não veio sozinha, antes vem coroar uma convergência de tendências críticas planetárias. Já somos quase 8 bilhões de habitantes, aumentando num ritmo de 80 milhões ao ano, todos querendo consumir mais. Estamos destruindo a natureza do planeta em ritmo absurdo, enfileirando a mudança climática, a destruição da biodiversidade, a degradação dos solos, a contaminação da água doce, a poluição dos oceanos com plástico e outros resíduos, a geração de bactérias resistentes pelo uso de antibióticos na criação de animais. Basta olhar as imagens de crianças nos lixões que cercam tantas cidades do mundo, em disputa com ratos e urubus, para se dar conta do drama.

Em outro nível, e convergindo com a catástrofe ambiental, temos o drama da desigualdade. É bem fria a estatística de 1% dos humanos que tem mais riqueza acumulada que os demais 99%. Mas se trata de gente, de pessoas que, ricas ou pobres, brancas ou pretas, nasceram com o mesmo potencial de contribuir para o mundo e com o mesmo horizonte de esperanças. A esterilização desse potencial e o fechamento dos horizontes pela máquina de reprodução da pobreza são um crime. Qualquer agricultor que trabalha a terra na Nigéria tem mais inteligência social e maior contribuição para a humanidade do que os idiotas de Wall Street, que gritam alegremente *Greed is good*.

Temos 850 milhões de pessoas passando fome no planeta, das quais mais de 150 milhões são crianças, ainda que seja produzido no mundo mais de um quilo de cereais por pessoa e por dia. Se dividirmos o PIB mundial, da ordem de 85 trilhões de dólares, pela população mundial, constatamos que o que hoje produzimos pode assegurar três mil dólares por mês por família de quatro pessoas. Nosso problema não é econômico, e sim uma máquina política e ideológica que promove e justifica uma repartição absurda dos resultados dos esforços, sem qualquer relação com o mais elementar critério de merecimento ou até de decência humana.

Essa desigualdade constitui, ao lado da destruição ambiental, um segundo eixo crítico. Os bilhões de excluídos do progresso social e dos avanços tecnológicos que a humanidade conseguiu não estão mais aceitando essa injustiça, sentem-se ameaçados, inseguros e, em todo caso, sabem que estão sendo excluídos. Votam sem dúvida em qualquer demagogo que prega o ódio contra culpados reais ou imaginários, e o ódio tem um poderoso efeito de catarse para as frustrações. A ideia de construir uma muralha entre ricos e pobres, entre os Estados Unidos e o México – a muralha já não funcionou em outras eras –, mostra de certa maneira esse profundo contraste entre nossa inteligência tecnológica e nossa dificuldade em organizar um convívio civilizado. O mundo político e social está se desarticulando. Nenhuma política funciona a partir de certo nível de desigualdade.

Um terceiro eixo crítico, que será amplamente discutido no presente trabalho, é o caos financeiro. Algumas décadas atrás, os governos imprimiam dinheiro sob forma de papel e de metal, nós o usávamos nos nossos bolsos, e os bancos o armazenavam nos cofres. Atualmente, 97% do que nomeamos "liquidez" são apenas sinais magnéticos emitidos por bancos. Com os governos controlando espaços nacionais, enquanto a liquidez roda pelo planeta praticamente na velocidade da luz – High Frequency Trading, como hoje é chamado –, há um desajuste radical entre o mundo financeiro e as velhas instâncias reguladoras. Instalou-se um caos financeiro planetário, com o impacto fundamental de que se ganha muito mais dinheiro com aplicações financeiras, basicamente especulação, do que com investimentos produtivos.

O dinheiro deixou de ir para onde é necessário, em particular para financiar a reversão da destruição ambiental e a redução da desigualdade. Explora inclusive as empresas produtivas. Isso permitiu a emergência de fortunas como o mundo nunca viu, em mãos de pessoas que nada produzem – ao contrário, desviam o dinheiro da sua função principal, que seria a de fomentar o desenvolvimento real, concreto, para o chamado rentismo, hoje analisado em detalhe por Joseph Stiglitz, Michael Hudson, Thomas Piketty, Ann Pettifor e tantos outros, como Marjorie Kelly, que chama essa nova etapa de "capitalismo extrativo".

A destruição ambiental, o aprofundamento da desigualdade, o caos financeiro e a atual pandemia convergem assim para desenhar uma crise sistêmica planetária. Como raramente se viu, inúmeros pesquisadores e analistas estão apontando para uma mudança estrutural de como nos organizamos neste pequeno objeto espacial chamado Terra. Não tenho dúvidas de dizer que se trata de uma crise civilizatória.

A convergência das crises abre um imenso espaço para ideias novas. Há uma mudança profunda de cultura política, e isso cria oportunidades de mudança. A efetivação e a institucionalização de novas regras do jogo devem passar por uma compreensão mais profunda dos mecanismos atuais, de como estão estruturados os interesses, e das alternativas viáveis. O futuro não está escrito, as quatro crises interagem de maneira caótica. Entre elas, esse vírus, que nos ameaça biologicamente e trava nossa rotina abre espaço para mudanças. Podemos, é claro, vencê-lo em breve e retornar à mesma destruição em câmera lenta de antes. Mas ele nos dá a talvez derradeira oportunidade de pensarmos além do capitalismo.

UMA NOVA ARQUITETURA SOCIAL?

> *The technology has such potential that its impact on society is widely expected to be as profound as the industrial revolution[1].*
>
> IAN SAMPLE

> *Prosperity for all cannot be delivered by austerity-minded politicians, rent-seeking corporations and speculative bankers. What is urgently needed now is a global new deal[2].*
>
> RICHARD KOZUL-WRIGHT

> *Right now we are at the beginning of a new arc that I have called information civilization [...][3].*
>
> SHOSHANA ZUBOFF

> *World history is nothing but an endless, dreary account of the rape of the weak by the strong. [...] the externals of civilization – technology, industry, commerce, and so on – also require a common basis of intellectual honesty and morality[4].*
>
> HERMANN HESSE

Uma hipótese de trabalho pode ser muito útil. O que aqui propomos é pensar uma possível articulação do conjunto de transformações que hoje vivemos com base no conceito de mudança do modo de produção. Ou seja, pensar para além dos parâmetros do capitalismo. Sem dúvida, podemos analisar as mudanças do modo capitalista de produção. Segundo o ângulo de análise, encontramos caracterizações como o fator informacional de produção e a sociedade em rede (Manuel Castells), o advento do "imaterial" (André Gorz), a sociedade com custo marginal zero (Jeremy Rifkin), a economia da colaboração (Arun Sundararajan), o capitalismo financeiro (François Chesnais, David Harvey), o capitalismo global (Joseph Stiglitz), a era da complexidade (Edgar Morin), o capitalismo parasitário (Zygmunt Bauman), o sistema-mundo (Immanuel Wallerstein). Alvin Toffler, com *A terceira onda*, de 1980, já tentava sistematizar as mudanças, como também faz Shoshana Zuboff, que fala de civilização da informação. Todos tentamos encontrar sentido nos rumos da modernidade, tateando, inseguros, "para onde vamos". Não há um "plano" global, mas haverá, sem dúvida, uma resultante sistêmica que emergirá da convergência dos atuais processos caóticos de transformação. Está nascendo um novo animal.

    O capitalismo está mudando de maneira acelerada e em profundidade. Podemos utilizar adjetivos que caracterizem as mudanças ou ordená-las em fases, referindo-nos aos capitalismos imperialista, liberal, rentista, neoliberal ou global, dependente ou dominante, central ou periférico. Podemos ainda nos referir a um conjunto de regras, como as do Consenso de Washington, para dar uma visão mais integrada do que queremos expressar, à Terceira ou à Quarta Revolução Industrial ou, ainda, ao Antropoceno. De forma geral, temos caracterizado "tudo isso aí" de neoliberalismo. O animal continua a ser o mesmo, mas com cores diferentes, uma juba maior, um comportamento mais ou menos agressivo, mais ou menos articulado ou desarticulado. Em termos epistemológicos, acabamos nos salvando pelos "neo" ou "pós" que acrescentamos às várias escolas científicas.

À medida que as mudanças se aprofundam, no entanto, e que os conceitos mais tradicionais vão se tornando desajustados em relação ao mundo real, somos naturalmente levados a pensar se estamos ainda estudando variações do mesmo animal ou características de um outro animal em gestação. A borboleta constitui uma mudança da crisálida, mas é radicalmente diferente. Não há nada de ilegítimo nessa abordagem, pois a compreensão de que o acúmulo de mudanças quantitativas leva a uma mutação qualitativa faz hoje parte da ortodoxia científica. No presente estudo, trataremos de ordenar um conjunto de mudanças do capitalismo que possam caracterizar a evolução para um outro modo de produção, que poderíamos nomear como informacional, constituindo uma outra era, a do conhecimento, diferente da era industrial. Desse ponto de vista, a revolução que vivemos é muito mais do que a deformação do capitalismo industrial, constituindo uma transformação.

Assim, ainda que acrescentar etiquetas à imagem tradicional do capitalismo possa ajudar, possivelmente seria mais esclarecedor adotar a hipótese da transição para um outro modo de produção, em que os diversos vetores de mudança da sociedade passam a formar uma outra lógica sistêmica. Essa outra lógica sistêmica caracterizaria outro modo de produção, enfoque que me parece mais útil do que falar de outra matriz ou de outro paradigma. A questão que me move é saber se seria mais produtivo, em termos científicos, usar o referencial do capitalismo industrial, observando como o passado se deforma, ou olhar mais para o futuro, pensando que um novo sistema está sendo construído.

A Revolução Industrial nos legou relações sociais de produção centradas na máquina, na propriedade privada dos bens de produção, na burguesia e no proletariado, no lucro e no salário. Que tendências e que novas relações traz no seu bojo a revolução da era do conhecimento, das tecnologias de comunicação e da informação, do dinheiro imaterial e do capital intangível? Que novas articulações? Que novas exclusões? Não se trata aqui de dar respostas fechadas a temas tão amplos, mas de tentar entender como as mudanças podem adquirir maior transparência e ser mais facilmente compreendidas quando as analisamos como partes de uma nova dinâmica em vez de apenas como alterações de dinâmicas antigas. Aqui, a qualificação Quarta Revolução Industrial francamente não ajuda. Estou convicto de que é muito mais do que isso. A revolução tecnológica que vivemos é muito mais do que uma etapa da Revolução Industrial. O que quero analisar aqui é a força reorganizadora e geradora de novas estruturas que caracteriza a revolução digital.

A linha de análise que seguirei é a de uma transformação social mais ampla, a ponto de gerar uma sociedade do conhecimento, assim como tivemos uma sociedade agrária e uma sociedade industrial. Nessa perspectiva, as implicações são profundas. As diversas sociedades agrárias se estruturaram, tanto politicamente como em termos de relações de produção, em torno do controle do fator-chave: a terra. A sociedade industrial, por sua vez, estruturou-se em torno da propriedade privada dos novos meios de produção: as máquinas. Que estrutura política e que relações de produção estarão implícitas nas sociedades cujo fator-chave será o conhecimento?

Para a era da terra, delimita-se o feudo ou se coloca a cerca, o principal fator de produção é a terra, a propriedade é baseada nas relações familiares vinculadas à nobreza, as relações de produção se apoiam na escravidão ou na servidão, o controle das mentes se estabelece na religião e no correspondente poder da hierarquia eclesiástica. Na era industrial, colocam-se os muros e as portarias nas fábricas, o principal fator de produção é a máquina, a propriedade é baseada no controle dos meios de produção, as relações de produção se apoiam no assalariado e na mais-valia, o controle das mentes se estabelece no consumismo e na propaganda. Para a era do conhecimento, da revolução digital, é possível fazer um ordenamento sistêmico semelhante?

A visão de Marx, a sua abordagem da análise macrossocial, continua teimosamente relevante. O essencial, no entanto, é que os conceitos devem ser reconstruídos, e não simplesmente transpostos. Reconstruídos, porque Marx, ao analisar a Revolução Industrial, deu-se ao trabalho de explicitar as novas relações técnicas de produção (a divisão do trabalho, a socialização da produção, a constituição do universo fabril), as relações sociais que delas decorreram (a relação salarial e, em particular, a mais-valia) e as novas relações de poder baseadas na propriedade privada dos meios de produção. A essa infraestrutura correspondiam superestruturas características do capitalismo, a democracia burguesa e o sistema jurídico, assim como a ideologia liberal, o *Homo economicus*, a cultura do dinheiro e do consumo, todo um sistema de valores correspondente. A isso se acrescenta uma aparente legitimidade que seria proporcionada pela justa remuneração do capital (lucro) e do trabalho (salário). A narrativa de cada sistema também é fundamental.

Com este conjunto, infraestrutura e superestrutura, Marx caracterizava um modo de produção capitalista. Com as novas relações técnicas e sociais, com as novas formas de poder e de apropriação do excedente, ainda podemos manter o mesmo referencial? A exploração do trabalhador não só continua como se aprofunda, de acordo com os dados sobre a desigualdade, mas a existência de exploradores é comum a todos os sistemas e pode se reproduzir dentro de dinâmicas e mecanismos renovados. A pergunta pode ser prematura, pelo fato de as novas tendências estarem pouco amadurecidas, mas é legítima. A resposta dependerá provavelmente da capacidade das novas elites mundiais – "novas" porque essencialmente manipuladoras de símbolos e de imagens e cada vez menos gestoras de fábricas – de absorver as dinâmicas emergentes em seu proveito.

A nova sociedade traz indiscutivelmente em seu bojo tanto um potencial de libertação quanto sombrias possibilidades de um universo opressivo *à la 1984*, de George Orwell, ou *Admirável mundo novo*, de Aldous Huxley. Ainda assim, caso se configure um universo sombrio, as novas formas de dominação não caracterizarão necessariamente um modo de produção capitalista. Quando a forma de apropriação do excedente social já não é predominantemente a exploração pelo salário, as mudanças se tornam qualitativas, constituem uma mutação e um deslocamento da lógica sistêmica dos processos de reprodução social. Os bilhões apropriados por um Bill Gates ou um Carlos Slim são baseados em sistemas imateriais, e não em fábricas. David Harvey, em *A loucura da razão econômica*, nota com razão que o "capital" que Thomas Piketty analisa em *O capital no século XXI* não é bem capital, e sim patrimônio, gerando mais enriquecimento desmesurado no topo do que acumulação do capital. O próprio conceito de acumulação do capital se desloca.

De toda forma, vale a pena elencar, de maneira organizada, os grandes eixos de mudança, os *megatrends* ou macrotendências, que estão gerando um mundo novo. Novo não significa necessariamente melhor: os dramas ambientais, sociais e econômicos no planeta estão se agravando de maneira desgovernada, e o controle individualizado sobre as populações, por meio de algoritmos e de inteligência artificial, já é muito presente. Abrem-se simultaneamente imensas perspectivas de uma sociedade mais informada, conectada e colaborativa. Mas o essencial é que, para o bem ou para o mal, o mundo está passando a funcionar de modo diferente. É uma mudança sistêmica.

Apenas para ilustrar, vamos aqui nos referir a uma série de inovações tecnológicas ou transformações organizacionais que o leitor está provavelmente cansado de conhecer. O que visamos é desenhar em traços amplos a forma como muda o conjunto das engrenagens, como se rearticulam as partes.

---

[1] *A tecnologia tem tamanho potencial, que a expectativa geral é de que seu impacto será tão profundo como o da Revolução Industrial. [Aqui e em todo o livro, as traduções de excertos de terceiros foram feitas livremente pelo próprio autor, exceto quando informado. – N.E.]*

[2] *A prosperidade para todos não pode ser proporcionada por políticos focados na austeridade, por corporações centradas no rentismo e por banqueiros especuladores. O que necessitamos agora, urgentemente, é de um novo pacto global.*

[3] *Neste exato momento, estamos no início de um novo arco que eu tenho chamado de civilização da informação.*

[4] *A história do mundo não é nada mais do que a soma infindável e lúgubre do estupro dos fracos pelos fortes. [...] os aspectos externos da civilização – tecnologia, indústria, comércio e assim por diante – também exigem uma base comum de honestidade intelectual e de moralidade.*

I.
A TRANSFORMAÇÃO NA BASE PRODUTIVA DA SOCIEDADE

O capitalismo surgiu com uma revolução nas forças produtivas: por meio do acoplamento do maquinário a novas fontes energéticas, o homem passou a operar máquinas ligadas a fontes externas de energia. Hoje, o homem programa a operação das máquinas. O que ele gera, fundamentalmente, são conhecimento, tecnologias, *design*, o chamado "imaterial". Não se trata apenas da robótica, que penetra de forma acelerada em inúmeros setores, mas também do pequeno agricultor que usa inseminação artificial e análise de solos, do médico que se apoia em redes de laboratórios e de cirurgia acompanhada a distância. O grande eixo transformador é que a tecnologia é hoje o principal fator de produção. Isso desloca o capitalismo, porque o conhecimento tecnológico, diferentemente das máquinas e do trabalho físico, é imaterial. A máquina continua importante, sem dúvida, mas o eixo estruturante é o conhecimento incorporado. O conhecimento é um bem imaterial. É fluido, navega quase na velocidade da luz e pode ser indefinidamente apropriado sem custos adicionais. A base material do que conhecíamos como capitalismo industrial se transforma.

A TECNOLOGIA COMO PRINCIPAL FATOR DE PRODUÇÃO

Os estudos de Jeremy Rifkin sobre a sociedade com custo marginal zero ajudam a dimensionar a transformação. No caso dos bens físicos, por exemplo um relógio, trata-se de um bem rival, porque, se uma pessoa o toma, outra deixa de tê-lo. A centralidade da propriedade privada na sociedade capitalista tradicional encontra aqui toda a sua explicação. No caso das ideias, o fato de eu passar um conhecimento para outra pessoa não me priva dele: o conhecimento é um bem não rival. A implicação disso é que o principal fator de produção da economia moderna não tem seu estoque reduzido pelo uso, pelo contrário, pode ser multiplicado indefinidamente. Isso constitui um terremoto epistemológico para as ciências econômicas, baseadas na otimização da alocação de recursos escassos. O principal fator de produção não é escasso, e isso explica inclusive por que tantas corporações buscam gerar artificialmente escassez para poder cobrar o acesso, como se verifica com a propriedade intelectual. A natureza de um fator capaz de ser multiplicado para sempre sem custos adicionais é justamente a de poder ser acessado de maneira livre e aberta. Limitar o acesso a uma boa ideia não faz sentido, porque leva à subutilização dramática dos potenciais de desenvolvimento de uma sociedade, ainda que soe plausível para um capitalista individual. Historicamente, passamos da terra à máquina e da máquina ao conhecimento. A base produtiva da humanidade está se deslocando de maneira radical e muito acelerada, com impactos profundos sobre a lógica do conjunto.

A REVOLUÇÃO NO PRÓPRIO SISTEMA DE EXPANSÃO DO CONHECIMENTO

Não há como não ver que a era da informação transformou o nosso modo de produzir, com aplicações científicas inovadoras em praticamente todas as áreas: energia, transportes, medicina, educação, cultura, geração de novos materiais e assim por diante. Mas um elemento central que impacta a profundidade e o ritmo de inovação é a própria capacidade de expansão e gestão do conhecimento. Desde os primeiros avanços conceituais de Alan Turing e do subsequente dispositivo de decodificação que tanto mudou a cara da Segunda Guerra Mundial, passamos a ter a máquina do conhecimento, abrindo a era digital. O fato de poder expressar com apenas dois sinais, "0" e "1", praticamente todas as unidades de informação, sejam elas letras, números, cores ou sons, permitiu ancorar o conhecimento humano em sinais magnéticos. Trata-se de uma inovação radical na própria capacidade de inovação: a máquina da máquina, o prolongamento do cérebro. O conhecimento, até então preso em suportes materiais – o livro, o quadro, o disco –, passa a dispensá-los. O principal fator de produção é intangível e encontra o seu suporte imaterial, o sinal magnético.

É difícil imaginar a pesquisa sobre o DNA, por exemplo, sem o computador. E, em particular, imaginar as inovações na própria capacidade informática sem a informática. Em 1776, quando Adam Smith antevê na mecanização da produção de alfinetes uma imensa transformação, o que o leva a desenhar características da Revolução Industrial que até hoje constituem leitura relevante, ele não se baseia no aspecto quantitativo da manufatura, ridículo na época, mas no seu potencial de transformação do conjunto da sociedade. Tal como o avanço dos teares levou à expansão das técnicas de fiação, hoje a economia do conhecimento expande o instrumento de gestão desse conhecimento, a informática, gerando um processo cumulativo de transformações. O fato de evoluirmos para a sociedade do conhecimento e de dispormos das ferramentas correspondentes aponta para transformações tão profundas quanto a Revolução Industrial. A nova máquina, de certa forma, é o conhecimento. Nova base da economia, o conhecimento gerou seu "maquinário" correspondente, profundamente diferente porque imaterial em essência.

CONHECIMENTO E CONECTIVIDADE: A ERA DA INTERNET

Em termos de processo histórico de transformação, ainda estamos no início. Dois bilhões de pessoas ainda cozinham com lenha, mais de 1 bilhão ainda não têm acesso à eletricidade. No entanto, é questão de poucos anos para que a inclusão digital se generalize, inclusive porque esse é o interesse de numerosos atores do processo, e não só dos excluídos. A era do conhecimento está cobrindo rapidamente o planeta com computadores em cada domicílio com renda razoável, em cada empresa ou repartição pública, em cada avião, em cada carro, em cada bolso. Isso não constitui uma tecnologia a mais. Constitui uma tecnologia que permite receber, armazenar, tratar e articular volumes praticamente ilimitados de conhecimento e, portanto, desencadear um processo cumulativo de expansão.

A economia capitalista industrial dotou-se de infraestruturas de produção e distribuição, cobrindo o planeta com redes de energia, de ferrovias e rodovias, de telecomunicação e outros sistemas de articulação dos processos produtivos. Na era do conhecimento, estamos ultrapassando o telégrafo e a boa e velha telefonia e gerando a conectividade planetária global. Como estamos de certa forma dentro do processo de transformações, nem sempre nos damos conta da importância da mudança sísmica que representa o fato de podermos contatar instantaneamente qualquer pessoa, qualquer empresa e, inclusive, qualquer documento, filme ou outra unidade de informação em qualquer parte do mundo, praticamente sem custos. É a era da conectividade total e global, um universo imaterial que funciona praticamente à velocidade da luz. Contrariamente ao que, com presunção, se chamou de "fim da história", estamos assistindo a transformações mais aceleradas e profundas do que nunca. Temos um fator de produção dominante imaterial, o conhecimento; a capacidade de seu armazenamento e tratamento, a informática; e também a conectividade planetária para tornar esse fator de produção disponível instantaneamente em qualquer ponto do planeta e para qualquer pessoa. Isso, em termos de organização econômica, social e política, é muito maior do que apenas mais uma etapa do capitalismo industrial.

UMA REDEFINIÇÃO DO ESPAÇO E DO TERRITÓRIO

Nesta era de *"space is dead"* ou *"the world is flat"*, de tudo aqui e agora, os próprios conceitos de território, de pertencimento e de identidade estão mudando. Pessoas geram novos vínculos de sociabilidade segundo interesses os mais variados, processos produtivos se articulam no plano internacional, fluxos financeiros passam a cruzar o planeta instantaneamente, um novo universo econômico, social e cultural se desenha. E também, obviamente, um novo universo político, com os espaços nacionais vendo as suas funções redesenhadas, e muito fragilizadas.

É familiar a noção do imperialismo como estágio superior do capitalismo. Estamos indo além dessa visão. O chamado Terceiro Mundo, distante e desconhecido alguns séculos atrás, depois usado para escravizar, em seguida para colonizar – os povos teriam o privilégio de serem explorados na própria casa – e, mais recentemente, no quadro do imperialismo industrial, sujeito aos mecanismos exploratórios do grupo de países industrializados, hoje busca os seus caminhos dentro de um espaço estreito permitido pelas economias dominantes. Temos países independentes, teoricamente soberanos, mas presos numa máquina mundializada de poder econômico, financeiro e, cada vez mais, também político e cultural. Como se redefine o espaço do Estado-nação do século XX no mundo globalizado do século XXI?

As corporações, sujeitos políticos e econômicos centrais da nova globalização, organizam-se em rede no planeta. Cada uma cobre dezenas ou mais de uma centena de países, influenciando ou controlando a política, a justiça, os meios de comunicação, a cultura dos povos. Nada disso é novo, e a tendência já pode ser encontrada no *Manifesto comunista*, de Karl Marx e Friedrich Engels, publicado em 1848. Uma vez mais, no entanto, mudanças quantitativas acumuladas levaram a uma mudança qualitativa sistêmica. O grito nacionalista de um Donald Trump, "*Make America great again*", ou o Brexit do Reino Unido soam como um estertor de glórias do século passado. Para o bem ou para o mal, um mundo novo está se desenhando. Até quando ignoraremos que praticamente todas as grandes corporações se apoiam em paraísos fiscais, um tipo de extraterritorialidade financeira – o conceito de *offshore* é significativo –, para gerir os seus ativos financeiros fora não só do alcance como até da informação dos governos?

Temos de ir além do capitalismo como elenco de economias nacionais às quais se acrescentam trocas externas, para analisá-lo no seu processo de osmose mundial. Há um desajuste sistêmico entre a dimensão mundial da economia e a fragmentação do poder regulatório das nações. A miríade de empresas que constituíam o mundo empresarial do passado necessitava de um Estado regulador que mantivesse a ordem e o respeito dos contratos. Com a estruturação atual do mundo corporativo, assistimos a um redimensionamento da política, que passa a ser exercida pelas próprias corporações. Como tão bem resume Wolfgang Streeck, não é o fim do capitalismo, e sim o fim do capitalismo democrático. Está nascendo um novo animal. Em termos de modo de produção, a mudança nas infraestruturas está gerando superestruturas correspondentes, como veremos em detalhe mais adiante.

A ECONOMIA DO INTANGÍVEL

Estamos nos tornando rapidamente uma sociedade planetária, demograficamente organizada em cidades e centrada na economia do conhecimento, do que André Gorz chamou de "imaterial", e outros chamaram de "intangível". O estudo *Capitalism without Capital* [Capitalismo sem capital], de Jonathan Haskel e Stian Westlake, mostra que, com a virada do milênio, a proporção entre investimentos em equipamentos físicos e em tecnologia, *design*, imagem e semelhantes – os intangíveis – inverteu-se. Hoje o principal fluxo de investimentos não resulta em nenhuma máquina nem em chaminés, e sim em capacidade de controle de conhecimento organizado. No século passado, o capitalista ainda era dono de fábricas e plantações – e durante boa parte do presente século, sem dúvida, ainda o será. No entanto, hoje, e cada vez mais, é um controlador de plataformas digitais, aplicativos, patentes, *copyrights*. E, evidentemente, de fluxos financeiros, igualmente imateriais, meros sinais magnéticos que definem outras formas imateriais de apropriação e controle, radicalmente mais poderosas.

É interessante examinar as grandes fortunas do novo mundo econômico: não há aqui fábricas, máquinas, e sim tecnologia, *software*, plataformas virtuais de intermediação, sistemas de organização, algoritmos, inteligência artificial. Constatamos um deslocamento teórico fundamental para a compreensão dos novos processos: não se trata de propriedade dos meios de produção, e sim de controle dos sistemas. O conceito de socialização dos meios de produção ainda teria o mesmo sentido? Não é secundário lembrar que a primeira grande análise do sistema corporativo mundial, realizada em 2011 no Instituto Federal Suíço de Tecnologia de Zurique (ETH Zürich, na sigla alemã), intitula-se *"The Network of Global Corporate Control"*[5], rede de controle corporativo global, muito além do conceito de propriedade. Os autores chegam, inclusive, a estimar que a amplitude de concentração de poder é dez vezes maior do que apareceria na simples avaliação do valor das empresas. O conceito de propriedade privada dos meios de produção se desloca. A lista das maiores fortunas apresentada em abril de 2019 pela Bloomberg é eloquente (Figura 1).

---

5 Stefania Vitali, James B. Glattfelder e Stefano Battiston, "The Network of Global Corporate Control", Plos One, 26 out. 2011, v. 6, n. 10, disponível em: <https://journals.plos.org/plosone/article?id=10.1371/journal.pone.0025995>, acesso em: 9 abr. 2020.

Figura 1 – Lista de bilionários da Bloomberg (abril de 2019)

posição	nome	patrimônio líquido total (US$)	últimas variações (US$)	acumulado no ano (US$)	país	indústria
1	Jeff Bezos	$115B	+$107M	-$9,78B	EUA	tecnologia
2	Bill Gates	$102B	+$233M	+$11,9B	EUA	tecnologia
3	Bernard Arnault	$90,4B	-$432M	+$21,8B	França	consumo
4	Warren Buffett	$86,2B	+$67.8M	+$2,39B	EUA	diversos
5	Mark Zuckerberg	$70,5B	+$165M	+$18,4B	EUA	tecnologia
6	Amancio Ortega	$67,3B	+$546M	+$8,72B	Espanha	varejo
7	Larry Page	$59,4B	+$115M	+$8,11B	EUA	tecnologia
8	Carlos Slim	$58,5B	-$254M	+$3,72B	México	diversos
9	Larry Ellison	$58,4B	+$104M	+$9,12B	EUA	tecnologia
10	Sergey Brin	$57,7B	+$135M	+$7,87B	EUA	tecnologia

Fonte: Bloomberg, Bloomberg Billionaires Index, disponível em:
<https://www.bloomberg.com/billionaires/>, acesso em: 10 abr. 2020.

Caso uma empresa tradicional do século XX fosse à falência, os credores poderiam vender suas máquinas e seus equipamentos e recuperar um bom dinheiro. No caso das fortunas vistas na Figura 1, uma falência das empresas correspondentes renderia apenas saudade ou má reputação. O conceito de valor dos meios de produção mudou, e mudou inclusive a forma do seu uso para extrair o excedente social e transformá-lo em patrimônio.

Haskel e Westlake dedicam boa parte do seu livro *Capitalism without Capital* a captar a diferença profunda que caracteriza esse capital intangível. Não se trata de

> um ativo físico, como uma fábrica, uma loja ou uma linha telefônica: uma vez que esses ativos atingem a sua capacidade, é preciso investir em novos. Mas os intangíveis não precisam obedecer ao mesmo conjunto de leis da física: podem em geral ser usados de novo e de novo. Chamemos essa característica dos intangíveis de potencial de escala [scalability]. [...] Não deveria ser uma surpresa

para nós que coisas que não podemos tocar, como ideias, relações comerciais e know-how, *sejam fundamentalmente diferentes de coisas físicas como máquinas e construções*[6].

A mudança é sísmica, pois o intangível pode ser indefinidamente reproduzido sem custos adicionais, abrindo a possibilidade de uma generalização planetária de aumento de produtividade sem custos adicionais. E não se trata de estudos do futuro. Ao comparar a dinâmica do valor agregado nos setores da indústria e dos serviços, nos Estados Unidos e na Europa, os autores constatam a inversão do peso relativo do intangível e do tangível (Figura 2).

Figura 2 – Intensidade do intangível em manufatura e serviços (parte do setor da economia real no valor agregado, UE e EUA, não-agrícola)

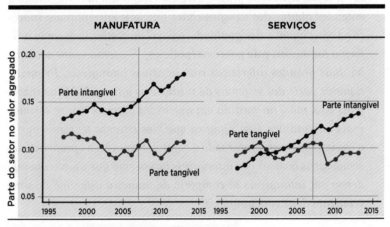

Fonte: *cálculos de Jonathan Haskel e Stian Westlake com base em dados de Intan-Invest (www.intan-invest.net) e Spintan (www.spintan.net), em:* Capitalism without Capital, op. cit., *p. 31.*

Naturalmente, o intangível não substitui simplesmente o tangível, continuamos a precisar de alimentos, casas, meios de

---

[6] Jonathan Haskel e Stian Westlake, Capitalism without Capital: the Rise of the Intangible Economy, *Princeton: Princeton University Press, 2018, pp. 60-1.*

transporte e semelhantes, mas o essencial aqui é que os custos propriamente físicos, como matéria-prima e mão de obra tradicional – o lombo do estivador, por assim dizer –, tornam-se relativamente secundários nos processos produtivos. E, cada vez mais, quem controla o intangível passa a controlar os próprios sistemas produtivos tradicionais. A era digital, com os seus novos processos tecnológicos, suas novas formas de apropriação do excedente e dos sistemas políticos, não substitui nem a agricultura nem a indústria, mas passa a submetê-las a uma nova lógica.

A pesquisa de Haskel e Westlake explicita:

O nosso argumento central neste livro é que há algo de fundamentalmente diferente no caso do investimento intangível, e que entender a firme transição para o investimento intangível nos ajuda a entender alguns dos desafios-chave que hoje enfrentamos: inovação e crescimento, desigualdade, o papel da gestão, bem como a reforma financeira e de políticas [policies]. Sustentaremos aqui que há duas grandes diferenças com os ativos intangíveis. Primeiro, a maior parte dos sistemas de medição os ignora. Há boas razões para isso, mas, na medida em que os intangíveis têm se tornado mais importantes, isso significa que hoje estamos tentando medir o capitalismo sem contar todo o capital. Segundo, as propriedades econômicas básicas dos intangíveis fazem com que uma economia densa em intangíveis se comporte de maneira diferente de uma economia densa em tangíveis[7].

No presente estudo, é precisamente esta questão que nos ocupa: em que profundidade a mudança das "propriedades econômicas básicas" muda não só a economia como o modo de produção no sentido mais amplo?

---

[7] Ibidem, p. 7.

UMA RIQUEZA INDEFINIDAMENTE MULTIPLICÁVEL

Voltemos a Jeremy Rifkin. O conceito de sociedade com custo marginal zero, título do seu livro, pode soar como grego para não economistas, mas o princípio é muito simples: à medida que penetramos na sociedade do conhecimento e na economia criativa, o eixo de análise econômica se desloca. Nesse ponto, estamos na economia imaterial, como a chama André Gorz, em que o principal fator de produção, o conhecimento, uma vez produzido, pode ser difundido de forma ilimitada e gratuita por todo o planeta, com custo adicional zero. Ou seja, todo o arcabouço de análise econômica baseada na escassez – a alocação racional de recursos escassos é o objeto tradicional da economia – desloca-se. Em vez de produzir mais para ganhar mais, o capitalismo passa a buscar formas artificiais de gerar escassez para ganhar dinheiro e a combater os processos descentralizados e colaborativos de multiplicação de riqueza.

Assim o sistema inverte os valores. Proibir o livre acesso ao livro ou ao filme que poderiam ser acessados online tornou-se fundamental para o sistema dominante. Para o consumidor, no entanto, o importante é ter a facilidade e simplicidade do acesso. Depois de cobertos os custos iniciais de produção, e após um lucro razoável, há alguma justificativa para a cobrança de cada uso adicional que não gere nenhum custo? Afinal, as regras da economia de bens cuja produção exige novos investimentos para cada unidade adicional produzida são as mesmas quando se trata de bens e serviços cuja reprodução infinita pode ser feita a custo zero? Rifkin se pergunta:

> *Como organizar uma economia [...] na qual os custos marginais de se gerar, armazenar e compartilhar comunicações, energia e um número crescente de produtos e serviços estão se aproximando de zero? Uma nova matriz de comunicação/energia está emergindo e, com ela, uma nova infraestrutura pública "inteligente". A internet das coisas (IoT [na sigla em inglês]) conectará todos e tudo em um novo paradigma econômico muito mais complexo do que a Primeira e a Segunda*

Revoluções Industriais, mas cuja arquitetura é distribuída em vez de centralizada. Mais importante ainda, a nova economia otimizará o bem-estar geral por meio de redes integradas lateralmente na esfera dos bens comuns colaborativos [collaborative commons] em vez de por empresas integradas verticalmente no mercado capitalista[8].

Coerentemente, Rifkin disponibiliza o texto online, o que constitui em si mesmo um exemplo da transformação. Difundir por meio do livro uma melhor compreensão dos mecanismos econômicos contribui para o nível educacional da sociedade e, pontualmente, também para a produtividade e o bem-estar de todos. A prosperidade é uma construção social. Estará o autor deixando de ganhar dinheiro? Na realidade, ele está ampliando a sua visibilidade, ganhará mais com os convites que receberá para expor suas ideias e, provavelmente, venderá ainda mais livros no formato tradicional. No ciclo econômico denso em conhecimento e com forma imaterial, precisamos equilibrar as tarefas remuneradas e as colaborativas, sabendo que, à medida que o conhecimento se torna o fator de produção mais importante do planeta, a dimensão não diretamente remunerada se amplia. São os novos equilíbrios em construção.

Não se trata aqui apenas de compartilhar uma música com os amigos ou de colocar um filme no YouTube. Rifkin nos traz centenas de exemplos na área das finanças, com inúmeras redes *peer-to-peer* (P2P) permitindo fluxos financeiros entre quem tem recursos parados e quem deles precisa, escapando aos juros e tarifas escorchantes dos intermediários financeiros. Com a queda acelerada do custo das células fotovoltaicas, expande-se rapidamente a produção própria de energia na casa das pessoas, além de um processo de transferência em rede de excedentes. Na área da logística, em que grande parte das viagens dos caminhões, por exemplo, é feita sem carga, a generalização do acesso em

---

[8] Jeremy *Rifkin,* The Zero Marginal Cost Society: the Internet of Things, the Collaborative Commons, and the Eclipse of Capitalism, *New York: Palgrave Macmillan, 2014, p. 56.*

rede de informações sobre quem tem carga e com que destino permite que o caminhão de uma empresa leve a carga de outra, otimizando os trajetos e reduzindo o desperdício de combustível. Até mesmo o proprietário individual de caminhão passa a pertencer a uma rede informativa em que o conhecimento dos fluxos permite melhorar o conjunto, sem esperar ordens superiores. São os chamados ganhos organizacionais; imateriais, mas muito produtivos. Podem inclusive diminuir o PIB, ao reduzir desperdícios e melhorar a racionalidade dos processos, mas, sem dúvida, tornam a nossa economia mais performante. Minhas comunicações online melhoram minha produtividade, mas o fato de eu não utilizar o correio reduz o emprego e custos com transporte, que seriam contabilizados como atividade econômica, gerando aumento do PIB.

A própria publicidade está mudando de rumo. Em vez de comprar um produto porque a publicidade paga diz que é uma maravilha, o cliente agora aproxima o celular do código de barras e, na tela, vê uma lista de opiniões de pessoas que compraram tal produto – inclusive com um filtro que detecta as falsas opiniões pessoais que as empresas tentam introduzir. A migração da audiência de TV para a internet, sobretudo entre a nova geração, levou a publicidade a migrar para esse meio, mas com problemas: apesar de as pessoas estarem acostumadas à interrupção publicitária nos programas de TV, a intromissão de uma publicidade durante a navegação na internet gera rechaço e irritação com a marca. Novos rumos. O denominador comum é que a conectividade planetária e a primazia da dimensão imaterial do principal fator de produção estão exigindo novas regras do jogo.

Na visão de Rifkin, a rápida expansão dessa nova economia gera a possibilidade de escaparmos tanto do poder dos gigantes da intermediação como da filosofia da guerra econômica de todos contra todos, expandindo progressivamente os espaços de colaboração direta entre os agentes econômicos, ao mesmo tempo produtores e consumidores, os famosos *"prosumers"*. Otimismo exagerado? Talvez, mas o que tiramos de muito útil do livro não é saber se o futuro será mais ou menos cor-de-rosa, e sim uma compreensão muito aprofundada das oportunidades que surgem para uma economia mais humana. Haskel e Westlake resumem essa dimensão essencial da economia intangível, de poder ser expandida indefinidamente, sem custos ou com poucos custos adicionais, com o conceito de potencial de escala (*scalability*): "O potencial de escala se aplica a muitos tipos de ativos intangíveis. Uma vez que uma empresa criou ou adquiriu um ativo intangível, pode normalmente usá-lo múltiplas vezes com custos relativamente pequenos, comparados com a maior parte dos ativos físicos"[9].

Quando se descobriu o poder do soro de reidratação oral, conhecido como soro caseiro, o seu uso se espraiou pelo planeta, salvando milhões de crianças, e ninguém pensou em patenteá-lo e restringir o acesso aos seus benefícios. O fato de mais pessoas utilizarem essa tecnologia não prejudicou em nada quem a inventou. Mas quem iniciou o processo poderia ter ganhado dinheiro ao patentear a ideia? Estamos aqui no coração dos novos dilemas de organização econômica, ou seja, decidir se o eventual ganho de uma pessoa ou de uma empresa é mais importante que o potencial ganho social. E, em particular, coloca-se de maneira muito mais aguda a contradição entre o processo social de produção e a apropriação privada dos resultados, estudada por Gar Alperovitz e Lew Daly no seu *Apropriação indébita*, como veremos adiante.

Haskel e Westlake, sem nenhum marxismo, resumem a tendência de forma clara: "A taxa de retorno social supera a taxa de retorno privada"[10], ou seja, o entrave gerado pela burocracia do acesso a uma ideia, com o enfrentamento de patentes ou *copyrights*, resulta em muito menos ganhos no nível individual do que o potencial benefício social do livre acesso. Em termos de produtividade sistêmica, a apropriação privada pode se tornar cada vez mais improdutiva. O ponteiro da balança está se deslocando do interesse social para o benefício individual, inclusive porque hoje se gerou uma indústria de

---

[9] Jonathan Haskel e Stian Westlake, Capitalism without Capital, op. cit., pp. 65.
[10] Ibidem, p. 112.

intermediários que compram patentes para depois cobrar pedágio de qualquer empresa que queira aprofundar pesquisas ou desenvolver produtos. O essencial para nós é que, entre o estímulo da remuneração do inovador e o interesse difuso da sociedade, é o conceito geral de remuneração dos intangíveis que precisa ser considerado. Os autores citam Thomas Jefferson: "Quem recebe de mim uma ideia recebe instrução sem diminuir a minha; quem acende o seu fogo no meu recebe luz sem me reduzir à escuridão"[11].

Não há como não ver o deslocamento sísmico dos processos produtivos dominantes, aqueles que traçam o caminho. Constatamos a explosão das tecnologias, o domínio sobre o próprio processo de expansão do conhecimento. E se trata de um fator de produção cujo uso não reduz o estoque. Além disso, a conectividade planetária permite articular de maneira inteligente informações, documentos, pessoas e instituições praticamente sem custos adicionais. Assistimos a uma ruptura dos espaços tradicionais que delimitavam a territorialidade das atividades econômicas. A tradicional unidade produtora agrícola ou industrial passa a ser controlada por sistemas financeiros e informacionais com plataformas, redes e algoritmos. Tudo isso constitui relações técnicas de produção que transformam os processos produtivos, que por sua vez levam a transformações profundas nas relações sociais de produção. Na era feudal, o principal fator de produção era a terra. No capitalismo industrial, era a máquina. Hoje é o conhecimento. E o conhecimento, enquanto fator de produção, demanda instituições diferentes. Entre o senhor feudal com o servo e o capitalista industrial com o operário, as relações sociais de produção mudam. O que surge com os novos rumos?

----

[11] Ibidem, p. 72.

II.
A MUDANÇA NAS RELAÇÕES SOCIAIS DE PRODUÇÃO

Vimos até aqui a mudança profunda no conteúdo dos processos produtivos. Naturalmente, continuamos a produzir trigo e arroz, aço e automóveis, mas o elemento básico de formação do valor, o fator principal de produção, é constituído por um conjunto de atividades intangíveis que podem ser generalizadas sem custos adicionais significativos. Quando surgiu a indústria, a agricultura não desapareceu, inclusive porque sua intensificação seria necessária para fornecer alimentos às cidades e matérias-primas às fábricas. Mas o eixo dominante de estruturação social passou a ser a indústria, levando à transformação da própria agricultura. Com a emergência do conhecimento e dos intangíveis no sentido amplo, a indústria e a agricultura expandem a sua capacidade produtiva, justamente, pela incorporação do conjunto dos avanços intangíveis que passam a dominar as transformações. Mas quem assume o comando já não é mais necessariamente quem controla as suas máquinas.

Tal como a lógica da acumulação industrial passou a dominar o conjunto das relações sociais de produção na segunda metade do século XIX e no século XX, hoje a dinâmica estruturante da sociedade passa a ser o acesso à informação e ao controle do conhecimento no sentido amplo. André Gorz, no seu estudo *O imaterial*, resume logo nas primeiras linhas a dimensão do deslocamento:

> *A ampla admissão do conhecimento como a principal força produtiva provocou uma mudança que compromete a validade das categorias econômicas-chave e indica a necessidade de estabelecimento de uma outra economia. A economia do conhecimento que atualmente se propaga é uma forma de capitalismo que procura redefinir suas categorias principais – trabalho, valor e capital – e assim abarcar novos domínios*[12].

Controlar o conhecimento significa controlar o principal fator de produção da sociedade. Ignacy Sachs resumiu bem a ideia: no século passado, o poder era de quem controlava as fábricas, neste século vai ser de quem controla a informação. Tal como a lógica de organização social muda com a transição da era agrícola para a era industrial, enfrentamos uma profunda mudança sistêmica com a centralidade da era da informação. Esse ângulo de análise nos parece bem mais esclarecedor das dinâmicas aceleradas de mudança que vivemos do que imaginar que se trata de uma Quarta Revolução Industrial. As bases técnicas dos processos produtivos se deslocaram; vamos ver agora os impactos sobre o conjunto das relações sociais de produção.

DA CONCORRÊNCIA DE MERCADO À ORGANIZAÇÃO INTEREMPRESARIAL

No caso do universo industrial, a tendência para o gigantismo sempre foi forte, na medida em que poder repartir, em mais unidades produzidas, os custos fixos – como máquinas e equipamentos – assegurava as chamadas economias de escala, como no

---

[12] André Gorz, O imaterial: conhecimento, valor e capital, trad. Celso Azzan Jr. e Celso Cruz, São Paulo: Annablume, 2005, p. 9.

caso emblemático da General Motors e em tantos outros. A lógica aqui é de um grande produtor de um determinado produto: quando falamos de um carro da GM sabemos do que e de quem se trata. Os gigantes empresariais apresentados na Figura 3 detêm ativos muito mais elevados do que o PIB da maioria dos países; além disso, eles têm em comum o fato de constituírem redes de controle de inúmeras atividades, através de controle acionário. A Berkshire Hathaway, de Warren Buffett, que ocupa a sétima posição, já foi uma empresa do ramo têxtil, mas hoje é essencialmente uma *holding* financeira que controla e extrai dividendos de transporte ferroviário, enciclopédias, meios de comunicação, aspiradores, joias, eletricidade, gás e outros setores, em particular o de seguros. Cruza com interesses do Goldman Sachs e tem Bill Gates, um dos fundadores da Microsoft, como segundo maior acionista. Estamos em família. A Alphabet é a controladora do Google, a Tencent é uma gigante chinesa de tecnologia e jogos.

Figura 3 – Empresas com maior valor de mercado, em milhões de dólares – 2018

Posição	Nome	Valor de mercado (US$)
1	APPLE INC	860,88B
2	ALPHABET INC - A	729,29B
3	MICROSOFT CORP	659,91B
4	AMAZON.COM INC	563,54B
5	FACEBOOK INC - A	514,99B
6	TENCENT	493,56B
7	BERKSHIRE HATH - A	489,25B
8	ALIBABA GRP - ADR	441,62B
9	JOHNSON&JOHNSON	375,36B
10	JPMORGAN CHASE	371,05B

Fonte: Holger Zschaepitz apud Rupert Neate, "Apple Leads Race to Become World's First $1tn Company", em: The Guardian, 3 jan. 2018, disponível em: <https://www.theguardian.com/business/2018/jan/03/apple-leads-race-to-become-world-first-1tn-dollar-company>, acesso em: 11 abr. 2020.

As cinco maiores corporações do mundo valem no conjunto US$3,35 trilhões – mais do que o PIB do Reino Unido ou de qualquer outro país do mundo com exceção de Estados Unidos, China, Japão e Alemanha. O imenso aumento de valor sobreveio depois que os mercados de ações chegaram ao fim de 2017 com altas recordes, quando os preços das ações se beneficiaram dos cortes de impostos do presidente Donald Trump e da continuação da flexibilização quantitativa [quantitative easing] dos bancos centrais[13].

Ou seja, são gigantes, mas o gigantismo consiste essencialmente na rede de controle que lhes permite extrair dividendos. Se qualquer uma fosse vender suas máquinas e instalações, não recolheria grande coisa. O seu valor é essencialmente imaterial e consiste na capacidade sistêmica de extrair dividendos. As eventuais fábricas controladas são meras terceirizadas, e o conjunto forma uma arquitetura de interesses profundamente diferente do tradicional sistema empresarial. O valor dessas corporações, inclusive, é calculado pelo valor de suas ações no mercado, que, por sua vez, depende dos dividendos pagos aos acionistas. Os ativos da nova economia, no topo da pirâmide, são essencialmente imateriais. Que base material se venderia com o Facebook?

A transformação foi acompanhada de um curioso deslocamento do conceito de mercado. Tal como foi desenvolvido nos clássicos da economia, o conceito se referia à livre troca de bens e serviços que permitiria que se estabelecesse naturalmente o equilíbrio entre preços e quantidades, no contexto de inúmeras empresas, sem que nenhuma pudesse dominar o processo e deformá-lo. Isso sem dúvida ainda existe, por exemplo, no mercado de camisetas e semelhantes, assegurando que a população enquanto consumidora possa exercer um certo papel, na linha do que Milton Friedman chamava de "liberdade para

---

[13] Rupert Neate, "Apple leads race to become world's first $1tn company", em: The Guardian, 3 jan. 2018, disponível em: <https://www.theguardian.com/business/2018/jan/03/apple-leads-race-to-become-world-first-1tn-dollar-company>, acesso em: 11 abr. 2020.

escolher". Mas hoje, quando nos referimos ao "mercado", temos em mente um grupo de grandes intermediários financeiros que estão observando o rendimento das suas ações e de outras aplicações financeiras.

A gigante Tencent, multinacional de base chinesa que aparece logo após o Facebook na Figura 3, dá uma boa ideia de uma corporação moderna. Em uma simples consulta na Wikipédia, é possível saber que esse grupo controla atividades relativas a comércio eletrônico, jogos de videogame, *softwares*, realidade virtual, compartilhamento de transporte, atividades bancárias, serviços financeiros, *fintech*, tecnologia de consumo, informática, indústria automobilística, produção e distribuição audiovisual, venda online de ingressos, música, tecnologia espacial, recursos naturais, *smartphones*, *big data*, agricultura, serviços médicos, computação em nuvem, mídia social, *e-books*, serviços de internet, educação, energia renovável, inteligência artificial, robótica, entrega de alimentos e outros. Pode atuar em qualquer setor, em qualquer país, em atividades cruzadas com inúmeras companhias, que vão desde a plataforma estadunidense de compartilhamento de vídeos YouTube até a empresa francesa de cosméticos L'Oréal. É pouco provável que você tenha ouvido falar da Tencent, e, no entanto, seguramente, em alguma das suas atividades de compra você alimenta os controladores dessa empresa[14].

---

[14] Mark Sweney, "Tencent, the $500bn Chinese Tech Firm You May Never Have Heard of", The Guardian, 13 jan. 2018, disponível em: <https://www.theguardian.com/business/2018/jan/13/tencent-the-500bn-chinese-tech-firm-you-may-never-have-heard-of>, acesso em: 11 abr. 2020.

Figura 4 – Mapa das marcas de dez poderosas multinacionais do ramo alimentício

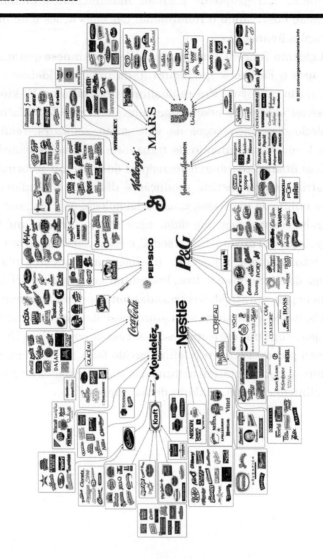

Fonte: *Convergence Alimentaire* apud Harry Bradford, "These 10 Companies Control Enormous Number Of Consumer Brands", em: HuffPost, 27 abr. 2012, disponível em: <http://www.huffingtonpost.com/2012/04/27/consumer-brands-owned-ten-companies-graphic_n_1458812.html>, acesso em: 11 abr. 2020.

O mundo mudou radicalmente e está mudando ainda mais, e de forma acelerada. Conhecemos os produtos finais que aparecem nas gôndolas dos supermercados, mas saber a quem pertencem, quem os controla, qual é a política adotada em termos ambientais, sociais ou de simples segurança do consumidor está evidentemente fora do nosso alcance. Os grupos centrais da Figura 4 constituem *holdings* financeiras que controlam outras instituições financeiras dispersas em vários setores e vários países, que, por sua vez, controlam empresas realmente produtoras de alguma coisa que se consome. Nomes de referência como Nestlé são mantidos apenas pelo elevado investimento feito durante décadas para associar a marca a imagens positivas. No topo decidem gestores financeiros que pouco entendem das esferas produtivas; e nem poderiam entender, considerando a diversidade de produtos, setores e países de atividade. De um mundo de livre concorrência de mercado, nós passamos a gigantescas pirâmides de poder financeiro que constituem sistemas complexos de articulação. Na ausência de qualquer sistema de governança política global, o sistema econômico global está constituindo a sua própria rede de poder. "A política mudou de lugar", na excelente formulação que herdamos de Octavio Ianni.

DO LUCRO SOBRE PRODUÇÃO À RENTA SOBRE APLICAÇÕES FINANCEIRAS

No livro *A era do capital improdutivo*, apresentamos o estudo do Instituto Federal Suíço de Pesquisa Tecnológica de Zurique que mostra que hoje, no mundo, 737 grupos controlam 80% do universo corporativo e que, nesse universo, 147 grupos controlam 40%, sendo três quartos deles bancos[15]. A lógica sistêmica muda radicalmente, pois o interesse maior desses grupos está na renta-

---

[15] Ver o nosso A era do capital improdutivo, 2. ed., São Paulo: Outras Palavras; Autonomia Literária, 2018, disponível em: <http://dowbor.org/blog/wp-content/uploads/2018/11/Dowbor-_-A-ERA-DO-CAPITAL-IMPRODUTIVO.pdf>, acesso em: 11 abr. 2020.

bilidade financeira final, definida por aqueles que estão no topo da pirâmide. O espaço de decisão empresarial, tradicionalmente tomado do ponto de vista de um produtor concreto de um bem ou serviço determinado – que, portanto, estaria interessado inclusive em prestar um bom serviço ao cliente –, desloca-se. A mudança profunda em termos de quem controla as decisões leva ao deslocamento da forma de se extrair a mais-valia gerada no quadro dos processos produtivos. Os acionistas dominantes, ou controladores financeiros de diversos tipos, veem a empresa produtora que está na base da pirâmide como uma unidade de extração de dividendos. Antigamente, uma unidade empresarial produtora de bens ou serviços podia se orientar por uma visão estrutural e de longo prazo de inserção na comunidade, de apoio à formação de funcionários, de investimento no desenvolvimento sustentável do território onde se situava. A uma BHP Billiton ou aos acionistas do Bradesco (via Vale e Valepar) interessa apenas a maximização do rendimento financeiro da Samarco, em geral em curto prazo. Pode haver visionários no topo da pirâmide, mas essencialmente se trata de gente que ganha em função do máximo de apropriação do excedente produzido na base; por exemplo, ao considerar que vale mais a pena aplicar os ativos da empresa em títulos da dívida pública do que investir na expansão da capacidade produtiva. A lógica da rentabilidade mudou.

Grande parte da estagnação relativa das economias que constatamos hoje no mundo, apesar dos imensos avanços tecnológicos, deve-se ao fato de o capital na sua forma-dinheiro – que era reinvestida na expansão do processo produtivo, o chamado capital-dinheiro – ter se transformado simplesmente em patrimônio de pessoas físicas, que não participam do processo produtivo. Com a apropriação do excedente produzido nas empresas por parte de pessoas físicas ou jurídicas não produtivas, o que era capital (no sentido de fomentar a dinâmica de acumulação de capital) transforma-se em fortunas que podem ser gigantescas, mas que travam a dinâmica produtiva em vez de estimulá-la. Basta ver as Figuras 1 e 3, sobre os principais bilionários e sobre as empresas de maior capitalização.

A economia intangível gera uma outra forma de apropriação do excedente produzido pela sociedade, e em escala muito superior à exploração salarial. Coisa importante, as novas formas de apropriação do excedente são menos conflitivas, pela impessoalidade e complexidade do sistema. Alguém entende como um Henrique Meirelles gerou o sistema absurdo da JBS por meio da *holding* financeira J&F, transitando com tranquilidade entre os trambiques do mundo financeiro privado e os do Ministério da Fazenda de um país que é a nona potência econômica mundial?

O grande aporte de Thomas Piketty foi de deixar absolutamente claro o fato de que o sistema assumiu características de autorreprodução, pois as aplicações financeiras rendem mais do que os investimentos na economia real. As aplicações renderam, em média, considerando as últimas décadas, entre 7% e 9% ao ano. O PIB mundial cresce, em média, entre 2% e 2,5%. O grosso da população mundial não faz aplicações financeiras, gasta o que ganha ou até mais do que ganha, endivida-se e paga juros. Os que auferem rendimentos de aplicações financeiras constituem a nata econômica da sociedade. São pessoas que pouco ou nada produzem, mas possuem "papéis", como ações, títulos de dívida pública e outras formas imateriais de riqueza, que passam a constituir o que temos chamado de "rendimentos não produtivos" ou "renta" (em inglês, *"unearned income"*, ou *"rent"*, diferente de *"income"*; em francês, *"rente"*, diferente de *"revenu"*, que é renda originada em processos produtivos).

Ou seja, a forma dominante de apropriação do excedente por minorias pouco ou nada produtivas – o mecanismo básico de exploração, para deixar claro do que se trata – deslocou-se e sofisticou-se. Onde tínhamos, e evidentemente ainda temos, a apropriação através dos baixos salários, a tradicional mais-valia, hoje temos também a expansão de formas inovadoras de apropriação, gerando uma sociedade dominantemente rentista. Essa compreensão ajuda a entender por que é tão frágil o ritmo de desenvolvimento da economia real, apesar de tantos avanços tecnológicos e de tanto potencial de generalizar a prosperidade.

APROPRIAÇÃO DO EXCEDENTE SOCIAL PELOS INTERMEDIÁRIOS FINANCEIROS: O CAPITAL IMPRODUTIVO

Estudamos em detalhe no livro *A era do capital improdutivo* as mudanças profundas na forma de apropriação do excedente. Retomamos aqui o relato, ainda que resumidamente, pois a forma de exploração é essencial para a caracterização de um modo de produção, e sem esses dados o presente estudo ficaria desequilibrado.

Tomando o caso do Brasil como referência, enfrentamos uma deformação profunda de toda a economia, processo que se evidencia ao analisarmos o fluxo financeiro integrado: os juros que incidem sobre as pessoas físicas, sobre as empresas e sobre a dívida pública; o sistema tributário e os seus desequilíbrios, além da evasão fiscal; e, finalmente, os vazamentos para os paraísos fiscais. Onde tínhamos o ciclo de acumulação do capital, em que o dinheiro investido na produção voltava, aumentado com o lucro, para financiar mais capital produtivo, hoje temos um sistema de dreno que fragiliza a reprodução do capital.

Os grandes números são grandes, mas não complicados. Podemos partir de uma cifra básica de referência, o nosso PIB de 2019, parado em seus 7,3 trilhões de reais. Isso nos permite ter ordens de grandeza, uma coisa tão simples como o fato de 730 bilhões de reais representarem 10% do PIB e 73 bilhões representarem 1%. É uma aritmética elementar que torna os números mais "palpáveis" na nossa cabeça, já que, no cotidiano, salvo no caso de alguns afortunados, não lidamos com bilhões. Por exemplo, quando os grandes exportadores e importadores fraudam notas fiscais que lhes permitem desviar 140 bilhões de reais por ano, são mais de 2% do PIB desviados, curiosamente sem aparecer no noticiário, enquanto os parcos 30 bilhões de reais do Bolsa Família, que por sinal dinamizam a economia pela demanda gerada, são apresentados como um gasto dramático, quando mal alcançam 0,5% do PIB. Organizar e interiorizar esse tipo de "régua" de medida de grandes valores é muito útil, pois os manipuladores de análises econômicas adoram navegar com números grandes e incompreensíveis. São bilhões, mas são nossos bilhões, resultado do nosso trabalho como sociedade, e é tempo de lhes darmos a devida atenção.

A economia funciona com quatro motores: 1) o mercado externo; 2) a demanda das famílias; 3) o investimento e a produção empresariais; 4) o investimento em infraestrutura e nas pessoas (políticas sociais) por parte do governo. No Brasil, o mercado externo, ainda que importante, pesa pouco no conjunto. As exportações atingem pouco mais de 200 bilhões de dólares, cerca de 10% do PIB, nada determinante neste país de grandes dimensões em que o mercado e as atividades internas representam basicamente 90% da dinâmica econômica. Não somos Singapura, nem Taiwan, nem Coreia do Sul. Somos um gigante de 210 milhões de habitantes. Se a economia interna não funciona, o mercado externo pode ajudar, mas não resolve. A explicação fácil dos avanços e dos retrocessos econômicos pelo preço das *commodities* no mercado mundial constitui essencialmente um engodo para não se olharem as causas internas.

No mercado interno, o essencial é o segundo motor, que representa o consumo das famílias, pesando cerca de 60% no total. Se as famílias não consomem, as empresas não têm para quem produzir, e ambas passam a pagar menos impostos, o que reduz a capacidade do Estado de realizar investimentos em infraestrutura e em políticas sociais. É o círculo vicioso em que nos encontramos atolados desde o golpe de 2016.

As famílias reduziram o seu consumo já a partir de 2012 – e de maneira mais acentuada em 2013 e nos anos seguintes –, porque se endividaram. Segundo o Serviço de Proteção ao Crédito (SPC Brasil), em 2018, 64 milhões de adultos (mais de 40% do total) estavam "negativados", ou seja, não conseguiam honrar os compromissos de gastos anteriores, que dirá fazer novas compras. Estamos falando dos adultos que têm finanças comprometidas, mas, se somarmos as suas famílias, estaremos falando de quase metade da população brasileira. O aumento do endividamento das famílias está bem documentado. Em janeiro de 2005, o estoque de dívida familiar representava 18,42% da renda mensal, elevando-se para 43,86% em 2013 e chegando a mais de 46% em 2015.

Em si o volume da dívida não seria crítico se não fossem as taxas de juros aplicadas. Conforme os dados da Associação Nacional dos Executivos de Finanças, Administração e Contabilidade (Anefac), que apresenta os juros efetivamente praticados no mercado, as pessoas físicas pagavam, em fevereiro de 2018, 129,29% ao ano sobre "artigos do lar" nos crediários, 64,22% em empréstimo pessoal dos bancos, 297,18% no cheque especial e 316,50% no rotativo do cartão. Para se ter ordem de grandeza, na França o empréstimo pessoal no banco custa menos de 5% ao ano, e os crediários raramente ultrapassam 10% ao ano. Os juros praticados no Brasil constituem simplesmente um sistema legal de agiotagem, tornado possível pela eliminação do artigo 192 da Constituição – que regulamentava o Sistema Financeiro Nacional (SFN) – por meio de uma Proposta de Emenda à Constituição em 1999 (PEC 53/1999), transformada em Emenda Constitucional (EC 40/2003). O artigo 192 fixava um teto de taxas de juros reais (acima da inflação) de 12%.

As taxas de juros para pessoa jurídica são tão escandalosas quanto aquelas para pessoa física, proporcionalmente. O estudo da Anefac apresenta uma taxa praticada média de 63,08% ao ano para pessoa jurídica, sendo 28,93% para capital de giro, 34,96% para desconto de duplicatas e 146,83% para conta garantida. Ninguém em sã consciência imagina que seja possível desenvolver atividades produtivas – criar uma empresa, enfrentar o tempo de entrada no mercado e de equilíbrio de contas – pagando esse nível de juros. Aqui, o investimento privado e a produção são diretamente atingidos.

As grandes empresas têm como negociar juros mais baixos por meio do Banco Nacional de Desenvolvimento Econômico e Social (BNDES), e as multinacionais aproveitam juros abaixo de 5% ao ano no exterior. Mas as pequenas e médias empresas estão condenadas a pegar empréstimos nas agências bancárias onde têm suas contas e a arcar com juros surrealistas. O mundo empresarial, que já está sendo paralisado pelo travamento da demanda, constata que recorrer ao crédito para passar pela fase crítica é proibitivo. Além disso, como a taxa Selic elevada permite ganhar mais – e sem esforço – com aplicações financeiras do que investindo na produção, prática que se generalizou, o desvio dos recursos da produção para aplicações financeiras foi inevitável, agravando o travamento da economia. A inflação caiu não por alguma habilidade particular de política macroeconômica, mas simplesmente porque, com a economia quebrada, as empresas passaram a empurrar seus estoques inclusive com perdas. Inflação se equilibra financiando com crédito barato o consumo das famílias e o investimento das empresas, ou seja, equilibrando a demanda com maior oferta, e não quebrando tanto as famílias como as empresas.

Segundo o Banco Central, o estoque de dívida das famílias e das empresas representou em 2018 cerca de 3,1 trilhões de reais, quase metade do PIB. Muitos países apresentam um volume maior de endividamento, mas nenhum apresenta as taxas de juros cobradas aqui sobre esse estoque. No cálculo que inclui as dívidas de pessoas físicas e de pessoas jurídicas, crédito livre e direcionado, o fluxo de juros extraídos pelos intermediários financeiros chega a 1 trilhão de reais, 15% do PIB, resultado direto das taxas absurdas apresentadas anteriormente.

A intermediação financeira não é atividade-fim, e sim atividade-meio, portanto representa um custo. Sua função econômica depende da capacidade de fomentar a economia, mediante uma remuneração que precisa ser moderada. Em outros termos, a relação custo-benefício dos bancos tem de ser positiva para a economia. A manchete dominical do jornal *O Estado de S. Paulo* em 18 de dezembro de 2016 resumiu bem a questão: "Crise de crédito tira R$ 1 tri da economia e piora recessão". No mesmo período de 12 meses em que a economia brasileira afundava, o Itaú apresentou aumento de lucros de 32%, e o Bradesco, de 25%. Os estadunidenses e europeus se espantam com o *spread* bancário de 35%, um ganho sem o trabalhoso processo de identificar projetos, financiar investimentos, enfim, fazer a lição de casa: usar o dinheiro para dinamizar a economia em vez de extorquir produtores e consumidores.

O quadro já crítico piora naturalmente com a paralisia do quarto motor da economia, que são os investimentos públicos em infraestrutura e políticas sociais. Os juros internacionalmente praticados sobre títulos do governo situam-se na faixa de 0,5% a 1% ao ano. O endividamento público só se justificaria se a capacidade financeira gerada no governo permitisse uma dinamização da economia que fosse capaz de render mais do que o custo da dívida. Com uma Selic fixada em 25% ao ano em julho de 1996, que permaneceu nesse nível (tendo chegado a 46%) durante a era FHC e situou-se na faixa de 14% na era Lula e Dilma (primeiro mandato), o endividamento público se constituiu em mecanismo de transferência dos nossos impostos para os donos dos títulos. Não se tratou aqui de financiar o governo, mas de drenar os seus recursos, desviando os nossos impostos e travando a capacidade de fomento econômico do Estado. Veja os dados na Figura 5.

Figura 5 – Brasil: juros líquidos pagos pelo setor público, em % do PIB

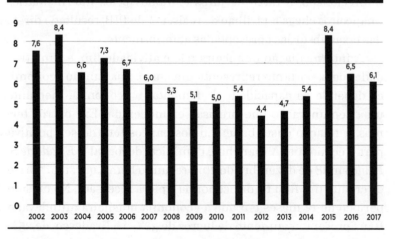

Fonte: Banco Central do Brasil e IpeaData; elaboração de Nelson Barbosa.

Em 2015, o serviço da dívida pública drenou 0,5 trilhão de reais (8,4% do PIB), essencialmente para bancos, mas também para grupos internacionais e, evidentemente, para parte da classe média alta que tinha nessa taxa importante base de rentismo. Em 2017, a quantia drenada foi da ordem de 6,1% do PIB, cifra um pouco menor, mas, com a queda da inflação e o aumento do volume da dívida, essa redução representou pouca diferença em termos reais.

Atribuir o déficit das contas e a necessidade de um ajuste fiscal ao excesso de "gastos" com políticas sociais, argumento repetido milhões de vezes para convencer uma população pasmada com a recessão, constituiu uma farsa. O déficit foi essencialmente gerado pelo serviço da dívida pública. O déficit das atividades próprias do governo, o chamado "resultado primário" das contas públicas, nunca ultrapassou 2% do PIB. Na União Europeia se recomenda que não passe de 3%. Nada de anormal. No nosso caso, sua ordem de grandeza é de cerca de 400 bilhões de reais ao ano, que poderiam dinamizar a economia através do investimento público, mas que são em grande parte reaplicados na dívida pública que explode. Trata-se evidentemente da raiz da crise das contas públicas.

Não há dúvidas quanto ao efeito multiplicador dos investimentos públicos em infraestrutura. Mas, curiosamente, os investimentos em políticas sociais como saúde, educação, segurança e outras são apresentados entre nós como "gastos", quando há tempos em contabilidade se entendem essas rubricas como investimento nas pessoas. Inclusive, foram esses tipos de investimento que geraram os principais milagres econômicos, em particular na Ásia, mas também na Finlândia e em outros países. Na realidade, o bem-estar das famílias depende em parte da renda, a economia *out-of-pocket*, mas também do salário indireto: o canadense pode ter salário inferior ao do estadunidense, mas tem acesso gratuito universal a creche, escola, saúde, espaços de lazer e outros. O bem-estar familiar é muito superior, e a economia, mais performante. A perda da capacidade de expansão desse acesso universal a bens públicos gratuitos, pelo desvio dos recursos para o serviço da dívida, representa um recuo em termos de desenvolvimento. Particularmente absurdo, nesse contexto, é o fato de a EC 95/2016 travar as políticas públicas, mas não o gasto com juros, de longe a principal fonte de esterilização dos recursos públicos. Vimos que os intermediários financeiros extraem, sob forma de juros pagos pelas famílias e pelas empresas, o equivalente a 15% do PIB. Aqui vemos que parte dos nossos impostos, no valor de cerca de 5% a 6% do PIB, conforme o ano, é também transformada em juros por meio da dívida pública. É bom lembrar que, embora a taxa Selic tenha baixado para 3,75%, a inflação baixou mais ainda, e o estoque sobre o qual incidem esses juros aumentou radicalmente, o que significa que, em termos reais, o dreno continua. Se somarmos os três drenos – sobre a demanda das famílias, sobre a capacidade de investimento das empresas e sobre a capacidade de investimento do Estado –, estamos falando em mais de 20% do PIB esterilizados. Não há economia que possa caminhar assim.

Há outros espaços de subutilização de recursos. Por exemplo, os fundos de pensão manejam um estoque acumulado de recursos da ordem de 1 trilhão de reais (15% do PIB). Em muitos países, há uma regulação do setor que assegura que esses recursos sejam investidos produtivamente, de forma a poder cobrir as futuras necessidades dos aposentados. No Brasil, tais fundos podem aplicar até 100% do total em títulos da dívida pública. Assim, a pensão complementar dos mais prósperos é em boa parte financiada pelos impostos de todos e em particular dos mais pobres, que pagam proporcionalmente mais impostos.

Há deformações semelhantes em outros setores, em particular no das seguradoras, mas o que nos interessa aqui é o fluxo integrado, a deformação radical do sistema de intermediação financeira do país, que, em vez de financiar a economia e dinamizar o investimento produtivo, gera custos de intermediação para todos. É o que Gerald Epstein e Juan Antonio Montecino, do Roosevelt Institute, em pesquisa sobre o fluxo financeiro integrado nos Estados Unidos, chamaram de "produtividade líquida negativa da alta finança".

Em vez de servir a economia, os intermediários financeiros dela se servem. Mais popularmente, os estadunidenses dizem que, hoje, *the tail is wagging the dog* [o rabo está abanando o cachorro]. A maior parte dos países que funcionam, quando defronta com essa deformação, busca resgatar o equilíbrio por meio do sistema tributário. Nosso sistema não só não corrige como agrava os desequilíbrios. No Brasil, 50% da carga tributária incide sobre o consumo, sob forma de impostos indiretos. Como os mais pobres transformam a quase totalidade da sua renda em consumo, são eles os que pagam proporcionalmente mais impostos. O caso absurdo da lei que isenta lucros e dividendos de tributação é particularmente grave. Aprovada em 26 de dezembro de 1995, essa lei favorece obviamente os ganhos dos afortunados no topo da pirâmide social. Acrescente-se a inexistência de um imposto sobre grandes fortunas, o valor simbólico do imposto sobre herança, a alíquota superior muito baixa do Imposto de Renda e a virtual inexistência do Imposto sobre a Propriedade Territorial Rural (ITR), e temos de constatar que o sistema tributário aprofunda a deformação de maneira grotesca. Trata-se de um sistema organizado de recompensa dos improdutivos.

O poder econômico dos mais ricos, em particular dos grandes bancos, transformou-se em poder político, o que permite aumentar o dreno dos recursos. O Sindicato Nacional dos Procuradores da Fazenda Nacional (Sinprofaz) estima a evasão fiscal em cerca de 600 bilhões de reais. Essa evasão evidentemente não é por parte dos assalariados, que têm o imposto descontado em folha e pagam impostos indiretos incluídos no preço dos produtos, e sim por parte dos mais ricos. Não só não investem como drenam a economia e nem sequer pagam os impostos devidos. Todos os grandes bancos e financeiras dispõem de departamentos técnicos para ajudá-los a sonegar – com procedimentos chamados de "otimização fiscal" – e de filiais acolhedoras em paraísos fiscais.

O que restou do artigo 192 da Constituição ainda reza que "o sistema financeiro nacional [será] estruturado de forma a promover o desenvolvimento equilibrado do país e a servir aos interesses da coletividade". Estamos habituados a qualificar de desvios, roubo ou corrupção tudo que pode ser considerado ilegal. Mas a realidade é que a grande corrupção, os desvios realmente significativos em termos dos descaminhos da economia, tem hoje suficiente força política para gerar a sua própria legalidade por meio de leis menores que simplesmente ignoram a obrigação de "promover o desenvolvimento equilibrado do país". Em termos substantivos, os que gerem nossos fluxos financeiros simplesmente deixaram de "servir aos interesses da coletividade" e passaram a travá-los. Taxas de juros que em qualquer país ou circunstância constituiriam usura e seriam, portanto, proibidas aqui são perfeitamente legais. Apropriar-se dos recursos produzidos por terceiros sem uma contribuição produtiva correspondente é o quê?

A extração do excedente que a sociedade produz, por parte de intermediários financeiros e outros rentistas, adquiriu essas dimensões impressionantes em grande parte pelo fato de os instrumentos de regulação financeira se situarem no nível nacional num contexto em que as finanças são essencialmente globais. A moeda é hoje um sinal magnético, navega no planeta com imensa volatilidade, e a sociedade tem capacidades muito limitadas de controlar os seus fluxos, que dirá orientá-los para atividades produtivas. No seu estudo sobre o Brasil, a Global Financial Integrity estima que os vazamentos para o exterior por sub e sobrefaturamento (esses, sim, ilegais, práticas fraudulentas) custam ao país aproximadamente 35 bilhões de dólares anuais, cerca de 2% do PIB. E a Tax Justice Network estima que o estoque de recursos do Brasil em paraísos fiscais atinja 520 bilhões de dólares, cerca de um terço do PIB. Desse total, menos de 3% foram repatriados.

A economia financeira do Brasil vaza por todos os lados. Não somos os únicos a enfrentar o desafio da financeirização improdutiva. Nas últimas décadas, como vimos, as aplicações financeiras têm rendido no mundo entre 7% e 9% ao ano, enquanto o PIB cresce na ordem de 2% a 2,5%. Os fluxos financeiros se dirigem, naturalmente, para onde rendem mais, e não é na produção que isso ocorre, pois aplicações financeiras rendem mais do que investimentos produtivos. No Brasil, o sistema é apenas muito mais deformado. A financeirização amplia o rentismo e agrava a absurda concentração de riqueza.

O nosso problema nunca foi de ajuste fiscal. Se somarmos o travamento do consumo das famílias e o da atividade produtiva empresarial, o desvio dos recursos públicos para o serviço da dívida, o agravamento gerado pela estrutura da carga tributária, a evasão fiscal, a fuga para o exterior e o amplo uso dos paraísos fiscais, sem dúvida, temos uma economia disfuncional. Não sonhamos aqui com uma solução milagrosa. O nosso objetivo é mostrar que no centro de uma economia que funciona está o marco zero da ciência econômica: a alocação racional dos recursos. A regra de ouro realmente existente é que a remuneração dos agentes econômicos deve ser minimamente proporcional à sua contribuição para a economia. Devemos recompensar quem mais multiplica as riquezas, não quem é mais esperto em drená-las.

Ao apresentar o fluxo financeiro integrado, buscamos mostrar que as soluções são sistêmicas, exigindo um novo pacto para o desenvolvimento. Já se foi o tempo em que a "liquidez" consistia em dinheiro material emitido pelo governo. Na era do dinheiro imaterial, o essencial das emissões tem origem nas instituições financeiras sob forma de crédito.

Em termos mais amplos, o exemplo do Brasil evidencia que o sistema financeiro se transformou em um mecanismo de extração do excedente mais poderoso do que a própria exploração salarial, invertendo a tendência mundial de redução das desigualdades dos trinta anos do pós-guerra. Na realidade, geram-se impactos acumulados, na medida em que os próprios salários e os direitos sociais são travados pelas exigências do lucro financeiro. Um eixo central de definição do modo de produção, a forma de extração do excedente e de exploração das populações, está se deslocando. Em termos de produtividade social, os senhores da dívida não são muito diferentes dos senhores feudais: vivem do esforço dos outros. Mas a escala de exploração é muito superior.

O APROFUNDAMENTO DA DESIGUALDADE

A mudança é sistêmica não só pela intensificação da exploração, que passa a acumular a exploração salarial e a apropriação financeira, como pelo fato de o lucro financeiro gerar um ônus sobre o sistema produtivo. O produtor tradicional de uma fábrica de sapatos, por exemplo, explorava os seus trabalhadores, mas o resultado para a sociedade eram empregos (ainda que mal pagos), demanda de máquinas e matérias-primas, sapatos para a população e impostos para financiar infraestrutura e políticas sociais. O eixo orientador era o lucro.

No caso do capitalismo financeiro, como vimos, o eixo orientador é o dividendo, a rentabilidade dos papéis. Uma distinção fundamental aqui é entre o investimento e a aplicação financeira. O banco, por razões evidentes, chama tudo de investimento, pois parece mais nobre. Mas o 1% mais rico que controla a massa de recursos no mundo não investe, no sentido de gerar novas capacidades produtivas, e sim faz aplicações financeiras que hoje rendem mais do que a produção. A rentabilidade financeira dos papéis pode ser muito grande, mas não gera nem um par de sapatos nem uma casa a mais. O eixo orientador do capitalismo financeiro é o dividendo, que gera uma nova lógica no conjunto do edifício capitalista.

A capacidade impressionante de apropriação, por uma minoria, do excedente que a sociedade produz constitui um processo cumulativo. Costumo usar uma imagem que tomei emprestada da cientista política franco-estadunidense Susan George. Um capitalista que aplica 1 bilhão de dólares para render modestos 5% ao ano está ganhando 137 mil dólares por dia. Como não tem como gastar tanto dinheiro, termina por reaplicar a maior parte, gerando o processo cumulativo, o chamado *snowball effect*, efeito bola de neve. O pobre gasta, o rico aplica. A classe média pega uma carona insegura em pequenas aplicações e torce para o rentismo prosperar[16].

---

[16] Sobre o efeito bola de neve, ver Julian Sims et al., *How Money Works: the Facts Simply Explained*, London: Dorling Kindersley Limited, 2017, p. 208.

O mecanismo absurdo do novo ciclo de desigualdade tornou-se claro com os estudos de Thomas Piketty. Mas o que ajudou muito no seu dimensionamento foi a complementação do estudo da concentração da renda por meio da análise da concentração do patrimônio, iniciado no quadro da Organização das Nações Unidas (ONU), mas generalizado pelo Credit Suisse e divulgado mundialmente pela Oxfam. No caso do Brasil, seis pessoas dispõem de mais riqueza do que a metade mais pobre da população, e 5% dispõem de uma fatia maior do que os 95% restantes. No nível mundial, 26 famílias têm mais patrimônio do que a metade mais pobre (3,7 bilhões), e 1% tem mais patrimônio do que os 99% restantes.

O relatório da Oxfam de 2018 para o Fórum Econômico Mundial confirma a queda livre que enfrentamos:

A desigualdade está piorando: 82% da riqueza criada no último ano foi para o 1% mais rico da população global, enquanto 3,7 bilhões de pessoas que constituem a metade mais pobre da humanidade não receberam nada. A nossa economia quebrada está ampliando o hiato entre os ricos e os pobres. Isso permite que uma pequena elite acumule vasta riqueza às custas de centenas de milhões de pessoas, frequentemente mulheres, que lutam pela sobrevivência com renda de pobre e direitos básicos negados[17].

Desigualdade parece um tema batido. Mas não se trata apenas de injustiça: é um mecanismo que trava a economia, gera explosões sociais, desarticula a sociedade como um todo. Estamos muito além da mais-valia tradicional nas empresas produtivas. A mais-valia financeira permite explorar tanto governos, por meio da dívida pública, quanto empresas e pessoas físicas, gerando uma classe de intermediários financeiros que não só não financiam a

---

[17] Diego Alejo Vázquez Pimentel, Iñigo Macías Aymar e Max Lawson, Reward work, not wealth, Oxford: Oxfam GB, 2018, p. 8, disponível em: <https://oi-files-d8-prod.s3.eu-west-2.amazonaws.com/s3fs-public/file_attachments/bp-reward-work-not-wealth-220118-summ-en.pdf>, acesso em: 12 abr. 2020.

produção, o consumo e os investimentos públicos – os motores da economia – como os paralisam. Estamos na era da acumulação improdutiva de patrimônio, da descapitalização da sociedade. É uma desorganização sistêmica. A reforma do sistema financeiro global (e nacional, no Brasil) constitui o desafio central. Enriquecimento sem a contrapartida produtiva – "*unearned income*", na terminologia em inglês – gera rentistas ricos e economias travadas. Além, é claro, do caos político que se aprofunda em tantos países, em particular no Brasil.

A desigualdade, a partir de um certo nível, gera uma economia e uma sociedade disfuncionais. Em termos éticos, é simplesmente escandaloso haver no mundo quase 1 bilhão de pessoas passando fome, entre as quais quase 200 milhões de crianças. A falta de acesso a medicamentos, água limpa, infraestrutura básica, eletricidade, em pleno século XXI, é simplesmente vergonhosa. A canalização de recursos para aliviar o desespero deve constituir uma prioridade evidente para qualquer pessoa decente. Qualificar de "populismo" ou de "esquerdismo" qualquer manifestação de indignação com a situação atual constitui um argumento absurdo. A fome não é nem ortodoxa nem hetorodoxa, sua existência é uma vergonha. Em particular, uma vergonha para os mais ricos.

A desigualdade é igualmente absurda em termos econômicos. Primeiro, porque custa muito mais enfrentar os mais variados efeitos da desigualdade e da miséria do que possibilitar de maneira organizada o acesso generalizado ao básico necessário a uma vida digna para todos. E a desigualdade se torna particularmente absurda quando se sabe que a concentração da renda e do patrimônio, ao privar a massa da população do consumo, trava os próprios processos produtivos pela redução da demanda. Como no caso brasileiro visto anteriormente, o estrangulamento econômico provocado na base da sociedade pelo sistema financeiro levou ao colapso do próprio sistema produtivo. E, como o Estado depende do consumo e da produção para as suas receitas, travaram-se os investimentos em infraestrutura e em políticas sociais. As economias que funcionam se apoiam numa distribuição razoavelmente equilibrada dos recursos da sociedade, e isso é válido para praticamente todos os exemplos de sucesso econômico no mundo. A desigualdade também trava os processos políticos, gerando sociedades em permanente conflito. A concentração de riqueza permite que os grupos dominantes se apropriem do governo, do judiciário, da mídia, tirando do Estado a sua função central de elemento de reconstituição dos equilíbrios políticos, sociais e econômicos. A privatização das dimensões públicas da sociedade desorganiza o conjunto. No plano nacional, vêm à tona os discursos mais escabrosos, elegem-se pessoas como Trump nos Estados Unidos, votam-se absurdos como o Brexit no Reino Unido, sem falar do Brasil, com o golpe e a eleição de uma aberração política. No plano internacional, a Europa se cobre de cercas de arame farpado nas fronteiras, Trump batalha a construção de uma gigantesca muralha com o México, Israel confina os palestinos em zonas controladas, absurdamente cada vez mais parecidas com campos de concentração. Seria mais inteligente aproveitar a imensa demanda contida dessas populações para dinamizar a economia do conjunto.

Hoje é evidente que neste pequeno planeta não haverá paz nem equilíbrio enquanto não se gerar um *global new deal*, um novo pacto global pelo desenvolvimento inclusivo. O relatório da Conferência das Nações Unidas sobre Comércio e Desenvolvimento (Unctad, na sigla em inglês) é explícito:

Nenhuma ordem social ou econômica se mantém se não consegue assegurar uma distribuição justa dos seus benefícios em tempos bons e dos custos em tempos difíceis. Insistir que "não há alternativa" é um lema político ultrapassado. Por toda parte as pessoas desejam basicamente a mesma coisa: um emprego decente, acesso à moradia, um meio ambiente seguro, um futuro melhor para as suas crianças e um governo que escute suas preocupações e a elas responda; na realidade, elas querem um pacto diferente do que é oferecido pela hiperglobalização. A Agenda 2030 para o Desenvol-

vimento Sustentável, que codifica uma série de objetivos, metas e indicadores, aponta nessa direção[18].

Na minha convicção, enquanto não houver uma massa maior de pessoas que entendam os mecanismos de deformação do nosso desenvolvimento, não haverá força suficiente para as transformações. E temos a vantagem de que o que funciona na economia é bastante simples: consiste no enfrentamento sistemático da desigualdade e dos desequilíbrios ambientais. Desta vez, qualquer pacto terá de "levantar todos os barcos", tanto nos países em desenvolvimento como nos desenvolvidos, e se mostrar à altura do desafio colocado pelo fato de que muitos dos desequilíbrios que travam um crescimento sustentável e inclusivo são de natureza global. "A prosperidade para todos não pode ser proporcionada por políticos focados na austeridade, por corporações centradas no rentismo e por banqueiros especuladores. O que necessitamos agora, urgentemente, é de um novo pacto global."[19]

O sistema de exploração, portanto, ampliou-se e sofisticou-se. Os avanços de produtividade, que resultam de uma ampla revolução científico-tecnológica no planeta, poderiam assegurar o aumento sustentado da produção e a generalização da prosperidade. Mas a massa da população se vê privada do acesso que merece pelo triplo processo de exploração que acumula a baixa remuneração, a extorsão por juros abusivos e a restrição do acesso aos bens públicos de consumo coletivo, como saúde, educação, segurança e outras políticas sociais. Nesse contexto, o sistema no poder não só precisa cada vez menos de democracia como tende a evoluir para formas de controle e coerção social cada vez mais violentas e invasivas para se manter. A transformação do mundo do trabalho ajuda a entender essa erosão da capacidade de resistência da sociedade.

---

[18] Unctad, Trade and Development Report 2017: Beyond Austerity, Towards a Global New Deal, New York; Geneva: United Nations, 2017, pp. I-II, disponível em: <https://unctad.org/en/PublicationsLibrary/tdr2017_en.pdf>, acesso em: 12 abr. 2020.
[19] Ibidem, p. II.

O DESLOCAMENTO DAS RELAÇÕES DE TRABALHO

Em outra era – e esse é ainda o caso do produtor rural, em particular –, a casa se localizava em cima da própria terra, morar e trabalhar faziam parte do mesmo espaço, e toda a família participava, o menino e a menina com poucos anos já ajudavam. A lógica da era industrial gerou o êxodo para as cidades, que se constituíram em torno das grandes unidades produtoras, a usina, a fábrica, os escritórios. O trabalhador passou a alugar a sua força de trabalho por um determinado número de horas por dia, fazendo o que mandassem. Individualmente, passamos a constituir capacidades produtivas disponíveis para aluguel, pagos por hora, por dia ou por mês, segundo as circunstâncias. É o chamado emprego.

O vínculo salarial, que hoje ainda nos parece a forma natural de ganhar a vida, de poder sustentar a nossa família, está mudando, não por ideologias, mas porque a sociedade do conhecimento, densa em tecnologia, está mudando as relações de trabalho. Robert Reich, no seu *O futuro do sucesso*, considera que o vínculo salarial tradicional terá duração de 150 anos e será substituído por outras formas de relação. Sem entrar no exagero de *O fim dos empregos*, de Jeremy Rifkin, o fato é que as relações de trabalho se deslocam segundo algumas grandes linhas que estão se tornando claras.

A revolução tecnológica que vivemos – tal como foi a Revolução Industrial – gera uma fratura entre o trabalho sofisticado e criativo dos que organizam e gerem o sistema e o trabalho dos que apenas operam segundo instruções recebidas, cada vez mais substituídos pela automação, pela robótica e pela inteligência artificial. Isso envolve, inclusive, os chamados profissionais, como arquitetos, advogados, economistas e semelhantes, conforme a pesquisa de Richard e Daniel Susskind, *The Future of the Professions: How Technology Will Transform the Work of Human Experts* [*O futuro das profissões: como a tecnologia transformará o trabalho de especialistas humanos*]. Por exemplo, o trabalho mais conceitual de advogados de primeira linha se sofistica, mas o amplo emprego de juristas novatos que faziam as pesquisas de jurisprudência e a organização de informação nos grandes escritórios de advocacia tende a desaparecer, pois hoje está tudo online e acessível por meio de algoritmos de pesquisa inteligente.

Por exemplo, pelo menos em boa parte, os consultores fiscais já estão sendo desintermediados por softwares de declaração de impostos online, os advogados, por sistemas de ordenamento de documentos, os médicos, por aplicativos de diagnóstico, os professores, pelos Moocs [massive open online courses – cursos online abertos e massivos], os arquitetos, por sistemas CAD online e os jornalistas, por blogueiros.[20]

O processo agrava outra dinâmica preexistente, que é a do trabalho informal. De tanto acompanharmos as estatísticas de desemprego, esquecemos do que se trata. Se no Brasil, antes da pandemia de covid-19, o desemprego estava estimado em 11,6 milhões de pessoas, quase 11% da população economicamente ativa, igualmente ou mais grave é o imenso desemprego oculto representado pelas pessoas que já não se declaram na força de trabalho por terem desistido de procurar (terem saído da população ativa por desalento) ou por aquelas que cada vez mais sobrevivem no mundo do "bico organizado", atividades absurdas e de transição, como as dos telecentros e dos terceirizados precários de diversos tipos. De maneira mais ampla, temos de considerar a imensa faixa de informais – 38,4 milhões no Brasil – que apenas "se viram" das mais diversas formas, com renda que representa menos da metade do setor formal. Somando os desempregados e o setor informal da economia, estamos falando em 50 milhões de pessoas. O trabalho informal é da ordem de 30% a 40% na América Latina, chegando a 70% nos países do Norte da África. São pessoas que nunca chegaram a se empregar realmente, com todos os direitos, e cujas esperanças de inserção recuam à medida que avança a nova onda tecnológica. O que caracteriza esta era é uma

---

[20] Richard Susskind e Daniel Susskind, The Future of the Professions: How Technology Will Transform the Work of Human Experts, *Oxford: Oxford University Press*, 2015, p. 121.

gigantesca subutilização das capacidades produtivas da população mundial, mal acobertada com a alegação de que não é o sistema que é falho, e sim as pessoas que não dispõem da "empregabilidade" adequada, seriam "inempregáveis"[21].

Mesmo nos espaços mais sofisticados do emprego criativo, ter a pessoa sentada junto à mesa de trabalho durante oito horas por dia pode não ser a melhor opção para a empresa: muito trabalho desse tipo já está sendo realizado em casa, e o que interessa não é mais o relógio de ponto e a presença física do trabalhador, e sim a rede interativa de pessoas conectadas, seja qual for a sua localização. Em estudo sobre o impacto da era digital sobre o emprego, o Livro Branco Trabalhar 4.0, publicado pelo Ministério Federal de Trabalho e Assuntos Sociais da Alemanha, sugere que "muitos esperam que a economia das plataformas gere um aumento na quantidade de trabalhadores autônomos, sobretudo naqueles de caráter unipersonal, que podem oferecer seus serviços e produtos de maneira simples e econômica"[22]. André Gorz utiliza o conceito de "autoempreendedor":

> *A grande firma não conserva senão um pequeno núcleo de assalariados estáveis e em período integral. O restante de "seu" pessoal – ou seja, 90% no caso das cem maiores empresas americanas – será formado de uma massa variável de colaboradores externos, substitutos, temporários, autônomos, mas igualmente de profissionais de alto nível. A firma pode se desincumbir, no que diz respeito a esses externos, de uma parte crescente do custo (do valor) de sua força de trabalho*[23].

---

[21] Sobre a subutilização da força de trabalho no Brasil, ver IBGE, Coordenação de População e Indicadores Sociais, Síntese de indicadores sociais: uma análise das condições de vida da população brasileira, Rio de Janeiro: IBGE, 2019, pp. 32 ss., disponível em: <https://biblioteca.ibge.gov.br/visualizacao/livros/liv101678.pdf>, acesso em: 12 abr. 2020.
[22] Friedrich-Ebert-Stiftung, "Digitalização e o futuro do trabalho: resumo do estudo 'Trabalhar 4.0', elaborado pelo Ministério Federal de Trabalho e Assuntos Sociais da Alemanha", Análise, São Paulo: 2017, n. 37, p. 9, disponível em: <http://library.fes.de/pdf-files/bueros/brasilien/13785.pdf>, acesso em: 12 abr. 2020.
[23] André Gorz, O imaterial, op. cit., p. 24.

Até o tão cuidadoso Banco Mundial desperta:

Ajustar-se à mudança da natureza do trabalho também exige que se repense o contrato social. Precisamos de novas maneiras de investir nas pessoas e de protegê-las, seja qual for a sua situação empregatícia. No entanto, quatro de cada cinco pessoas nos países em desenvolvimento nunca souberam o que é viver com proteção social. Com 2 bilhões de pessoas que já trabalham no setor informal – sem a segurança de um emprego estável, das redes de proteção social e dos benefícios da educação –, os novos moldes de trabalho ampliam um dilema que antecede as recentes inovações[24].

A Organização Internacional do Trabalho (OIT) também aponta para a falência do atual contrato social, que não responde nem aos desequilíbrios herdados, nem aos novos desafios: "A adoção de medidas urgentes para fortalecer o contrato social em cada país exige que se aumentem os investimentos nas capacidades das pessoas e das instituições do trabalho, e que se orientem as oportunidades no sentido de um trabalho decente e sustentável"[25]. Isso, por sua vez, envolve

incluir aquelas pessoas que historicamente permaneceram excluídas em grande escala da justiça social e do trabalho decente, em particular as que trabalham na economia informal. Implica, ademais, tomar medidas inovadoras para enfrentar a diversidade cada vez maior de situações em que se apresenta o trabalho e, em particular, o fenômeno emergente do trabalho digital através da economia de plataformas. Consideramos que a Garantia Universal do Trabalho é uma ferramenta adequada para responder a esses desafios [...].[26]

---

[24] World Bank Group, World Development Report 2019: the Changing Nature of Work, *Washington: World Bank, 2019, p. viii, disponível em: <http://documents.worldbank.org/curated/en/816281518818814423/pdf/2019-WDR-Report.pdf>, acesso em: 14 abr. 2020.*
[25] *Comisión Mundial sobre el Futuro del Trabajo*, Trabajar para un futuro más prometedor, *Ginebra: OIT, 2019, p. 14, disponível em: <https://www.ilo.org/wcmsp5/groups/public/---dgreports/---cabinet/documents/publication/wcms_662442.pdf>, acesso em: 14 abr. 2020.*
[26] Ibidem, p. 6.

Nessas tentativas de olhar para o futuro do emprego, há muito tateamento inseguro. Mas o que se constata, de forma geral, é uma mudança profunda nesse eixo fundamental do capitalismo tradicional que é a relação de trabalho. A fragilização das organizações sindicais e dos trabalhadores diante dos mecanismos de exploração é patente. No universo fragmentado e hierarquizado do trabalho, a construção de movimentos de solidariedade torna-se mais difícil. É irônico vermos no Brasil, a partir do golpe, um processo que nos joga para o passado em termos de garantias e segurança, quando se trata justamente de proteger e de expandir direitos, e de retomar a dinâmica do desenvolvimento. As soluções, a meu ver, estão nas novas formas de inserção que a economia do conhecimento permite.

A LÓGICA DO CAPITAL COGNITIVO

Vimos anteriormente uma característica fundamental da economia do conhecimento: trata-se de um fator de produção cujo uso não reduz o estoque. Em outros termos, poderia ser socializado de forma universal sem gerar custos adicionais. Isso muda em profundidade a lógica do capitalismo. Fazendo a relação entre essa característica do capital cognitivo e a lógica do valor, Gorz escreve:

> [...] a expressão "economia do conhecimento" significa transtornos importantes para o sistema econômico. Ela indica que o conhecimento se tornou a principal força produtiva, e que, consequentemente, os produtos da atividade social não são mais, principalmente, produtos do trabalho cristalizado, mas sim do conhecimento cristalizado. Indica também que o valor de troca das mercadorias, sejam ou não materiais, não mais é determinado em última análise pela quantidade de trabalho social geral que elas contêm, mas, principalmente, pelo seu conteúdo de conhecimentos, informações, de inteligências gerais. É esta última, e não mais o trabalho social abstrato mensurável segundo um único padrão, que se torna a principal substância social comum a todas as mercadorias. É ela

que se torna a principal fonte de valor e de lucro, e assim, segundo vários autores, a principal forma do trabalho e do capital[27].

Estamos aqui alterando profundamente a teoria do valor, que se baseava no custo relativamente homogêneo da força de trabalho e na mais-valia. "A heterogeneidade das atividades de trabalho ditas 'cognitivas', dos produtos imateriais que elas criam e das capacidades e saberes que elas implicam, torna imensuráveis tanto o valor das forças de trabalho quanto o dos seus produtos. [...] A crise da medição do trabalho engendra inevitavelmente a crise da medição do valor."[28] Uma visão semelhante é apresentada por Gar Alperovitz e Lew Daly no excelente *Apropriação indébita*:

Dividir o bolo da economia – mesmo por uma aproximação grosseira de contribuições e recompensas, como muitas outras situações de barganha tentam fazer – torna-se até mesmo extremamente difícil quando compreendemos, no que tange ao crescimento, a centralidade das contribuições baseadas em conhecimento histórico. Quem ou o que gera o crescimento – em qualquer sentido moralmente relevante – é, para dizer o mínimo, uma questão muito mais complicada. Tudo isso, sugeriu Daniel Bell, requer uma nova "teoria do valor-conhecimento" [knowledge theory of value], especialmente à medida que avançamos mais profundamente na esfera da alta tecnologia[29].

Na medida em que o conhecimento pode ser incorporado indefinidamente em mais atividades sem custos adicionais, característica que embasa a "economia com custo marginal zero", conforme a definição de Rifkin, o eixo da guerra do capital para se valorizar se desloca no sentido de gerar a escassez do principal

---

[27] André Gorz, O imaterial, op. cit., *p. 29*.
[28] Ibidem, *pp. 29-30*.
[29] *Gar Alperovitz e Lew Daly*, Apropriação indébita: como os ricos estão tomando a nossa herança comum, trad. *Renata Lucia Bottini, São Paulo: Editora Senac, 2010, p. 64. Alperovitz e Daly se referem ao clássico de Daniel Bell, originalmente publicado em 1973,* O advento da sociedade pós-industrial.

fator de produção, o conhecimento. A ampliação e extensão do conjunto de direitos sobre a propriedade intelectual, com cobrança de *copyrights*, patentes, *royalties* e outras taxas, encontra aqui a sua lógica principal: é dessa forma que se realiza a apropriação privada dos meios de produção quando estes são imateriais e, por natureza, podem ser de acesso aberto e gratuito. Quando um fator de produção é abundante, não há como uma empresa dele extrair valor de troca, tal como não se cobra a utilização do ar. Em vez de generalizar gratuitamente o acesso ao conhecimento criado, e assim assegurar um valor social muito mais amplo, o capital busca aqui restringir esse acesso, pois a escassez é que gera o valor de troca mais elevado. Enzo Rullani, em *"Le Capitalisme cognitif"* [O capitalismo cognitivo], explicita isso claramente: "O valor do conhecimento está, pois, inteiramente ligado à capacidade prática de limitar sua livre difusão, ou seja, de limitar, com meios jurídicos (certificados, direitos autorais, licenças, contratos) ou monopolistas, a possibilidade de copiar, de imitar, de 'reinventar', de aprender conhecimentos dos outros"[30].

Os imensos recursos acumulados pelos gigantes farmacêuticos, por exemplo, são essencialmente baseados no travamento do direito de produzir os medicamentos essenciais para a sociedade e cujo custo de produção e lucro correspondente já foram amplamente cobertos[31]. A partir desse ponto, trata-se, como sustenta Stiglitz, de rentismo, *"unearned income"*. O sobrecusto para a sociedade será, por sua vez, transformado em rendimentos financeiros, conforme vimos. Mas é essencial realçar aqui que esse capitalismo cognitivo contribui menos para propiciar acesso do que para a geração artificial de escassez. Oligopólio em vez de concorrência de mercado, escassez em vez de abundância, rentismo em vez de lucro sobre a produção.

30 Enzo Rullani, "Le Capitalisme cognitif: du déjà vu?", Multitudes, v. 2, n. 2, 2000, pp. 87-94, apud André Gorz, O imaterial, op. cit., p. 36.
31 Ver, a respeito, Marcia Angell, A verdade sobre os laboratórios farmacêuticos: como somos enganados e o que podemos fazer a respeito, trad. Waldéa Barcellos, Rio de Janeiro: Record, 2007.

Os papéis dos sujeitos econômicos mudam. O que nos conecta ao sistema é hoje muito menos a troca entre produtores, de um lado, e consumidores, do outro, numa transação que envolve bens e serviços concretos, e muito mais o fluxo virtual de intangíveis. Passamos a nos conectar através de plataformas e temos de participar das que os outros usam, pois de outro modo ficamos isolados. Preciso falar no WhatsApp porque todos se comunicam por esse sistema, preciso escrever no Word da Microsoft e assim por diante. É o chamado monopólio por demanda, que permite àqueles que controlam a plataforma cobrar de maneira desproporcional pela contribuição. A apropriação privada da comunicação entre as pessoas, apoiada nas plataformas planetárias e na informação detalhada sobre os nossos gostos, relações, pensamentos, doenças e tantos outros detalhes, gera uma nova relação entre os sujeitos do processo econômico. Douglas Heaven resume:

> *Facebook, Google, Apple e Amazon eludem os impostos de maneiras variadas, esmagam a competição e violam a privacidade, como registram as queixas. Os seus algoritmos inescrutáveis determinam o que vemos e o que sabemos, formatam opiniões, estreitam as visões de mundo e até subvertem a ordem democrática que lhes deu nascença. Em 2018, uma revolta tecnológica ["techlash"] está em pleno vigor. Há amplo acordo de que algo deve ser feito relativamente à alta tecnologia. [...] Quer se trate da função "clientes que compraram isso também compraram", da Amazon, ou das bolinhas vermelhas ou laranja que atraem a atenção para "algo novo" nos aplicativos do celular, os produtos da alta tecnologia [big tech] não são apenas bons, mas sutilmente desenhados para nos controlar, ou até nos tornar adictos – agarrar-nos pelos olhos e nos segurar. O resultado é a economia da atenção, cuja moeda é data*[32].

---

[32] Douglas Heaven, "How Google and Facebook Hooked us – and How to Break the Habit", New Scientist, 7 fev. 2018, disponível em: <https://www.newscientist.com/article/mg23731640-500-how-google-and-facebook-hooked-us-and-how-to-break-the-habit/>, acesso em: 14 abr. 2020.

Com o conhecimento se tornando o principal fator de produção, com a determinação efetiva do valor cada vez mais fluida, com os mecanismos modernos de controle da propriedade intelectual, com o gigantismo das plataformas de acesso e com a apropriação do excedente social por meio de dinheiro virtual – apenas sinais magnéticos de acumulação ilimitada –, estamos claramente deslocando a estrutura do que chamamos de capitalismo. Em particular, um capitalismo que não só é concentrador, como vimos, mas que também trava os potenciais de expansão da riqueza social. Para a sociedade, as perdas, ou o que se deixa de ganhar, com o travamento do acesso aos conhecimentos e aos seus potenciais efeitos multiplicadores são incomparavelmente superiores aos lucros auferidos por quem impede o acesso.

Do lado propositivo, isso "significa que a principal força produtiva, e principal fonte de valor, é pela primeira vez suscetível de ser subtraída à apropriação privada"[33]. A guerra pelo excedente social, pela riqueza que produzimos, mudou de natureza. A batalha pela hierarquização do acesso à educação, a privatização das universidades, o endividamento dos alunos, a oligopolização das revistas científicas e a perseguição do *open access*, do acesso aberto, fazem parte de um universo de luta que se desloca. O acesso ao conhecimento libera. Do ponto de vista das oligarquias, trata-se de controlá-lo. Do nosso ponto de vista, trata-se de transformar a educação, a tecnologia e a cultura num processo de construção interativa e colaborativa planetária. Tentar regular o conhecimento por meio de apropriação privada e de mecanismos de mercado, como quando se trata de comercialização de automóveis, simplesmente não funciona. Trava a criatividade em vez de aproveitar os seus efeitos multiplicadores.

---

33 André Gorz, O imaterial, op. cit., p. 37.

O DESLOCAMENTO DOS MECANISMOS DE MERCADO

O mercado é essencial como mecanismo regulador, mas não é nem de longe suficiente. Como mecanismo de livre concorrência, nele faz sentido a oferta e a procura definirem preços e quantidades. Em termos de estruturação dos processos produtivos, essa lógica supõe que o lucro do produtor resulte de uma resposta adequada às necessidades da sociedade, manifestadas pela demanda. Nesse sentido, o mercado pode ser visto na produção de inúmeros bens de consumo corrente, desde sapatos e automóveis até a pizza que pedimos. Mas a realidade hoje é que esse tipo de bens e serviços, em que a concorrência efetivamente joga um papel, constitui uma fatia cada vez menor das atividades econômicas.

No nível mais amplo, temos o gigantismo corporativo. Quando vemos os já mencionados 147 grupos que controlam 40% do sistema corporativo mundial, ou os 16 gigantes que controlam o essencial das *commodities* no mundo, ou ainda as 28 instituições financeiras sistematicamente importantes (Sifis – *systemically important financial institutions*), não há como não nos darmos conta de que se trata de uma estrutura de poder. Estudei essa estrutura em *A era do capital improdutivo*. Aqui me interessa o fato de que gigantes dessa dimensão, hoje dotados de sistemas de articulação, geram um imenso espaço de preços administrados, onde a tal concorrência "para melhor servir o cliente" permanece apenas em alguns segmentos da economia e no âmbito da pequena e da média empresas. Isso não exclui a guerra entre os grupos, naturalmente, guerra que alimenta gigantes da área jurídica e uma luta feroz pela indicação de ministros e de presidentes de bancos centrais, assim como pelo controle de segmentos da mídia.

Mas o mercado, no sentido original, sobrevive apenas nas brechas, e qualquer concorrente significativo que tente ocupar espaço no andar de cima será simplesmente quebrado, como o navegador Netscape, ou comprado, como o Instagram e o WhatsApp, ou ainda transformado em subcontratado de um grupo maior. Fazemos face a uma gigantesca pirâmide de poder, em que os chamados executivos se tornaram essencialmente operadores políticos. Os que apontam indignados para políticos corruptos esquecem que se trata, hoje, em grande parte, de meros representantes dos corruptores. É o "Estado-biombo", que permite que as políticas impostas pelas corporações apareçam como iniciativas impopulares dos governos; útil, mas inócuo para-raios da cólera cidadã. Como diz o comediante estadunidense George Carlin de maneira veemente, os políticos existem apenas para que pensemos que temos escolha[34].

Outra mudança muito significativa na grande corporação é a tensão entre os técnicos e gestores de empresas, por um lado, os quais poderiam estar interessados no equilíbrio de longo prazo e na utilidade econômica e social do que fazem, e os interesses de curto prazo dos grandes acionistas, por outro, os chamados investidores institucionais, a esfera financeira em geral. Lynn Stout escreveu um livro importante sobre esse conflito, *The Shareholder Value Myth* [O mito do valor para o acionista], em particular sobre o mito de que as corporações têm como obrigação legal defender os interesses dos acionistas. A autora demonstra que se trata muito mais de uma construção cultural e política do que propriamente de uma obrigação legal. Essa cultura, no entanto, aliada ao gigantismo dos investidores institucionais, os que detêm o grosso das ações, leva a que o interesse do rentismo, daqueles que investem em papéis financeiros, supere amplamente a visão de uma empresa que responda no longo prazo aos interesses da própria empresa, dos trabalhadores, das comunidades e do meio ambiente. O desmonte da Petrobras em função dos interesses dominantes de investidores financeiros internacionais é aqui apenas um exemplo a mais.

Nenhum operador financeiro vai entender o impacto real de "um conglomerado que vende de tudo, desde ração para animais

---

[34] George Carlin, Life is Worth Losing, dir. Rocco Urbisci, HBO, 2005. Veja o momento expressivo da apresentação em que ele fala sobre os nossos espaços reais de escolha, disponível com legendas em português em: <https://www.youtube.com/watch?v=RYmXh6dPv6g>, acesso em: 14 abr. 2020.

de estimação até motores de avião e serviços financeiros"[35]. O que será considerado é a rentabilidade das aplicações. A British Petroleum (BP) defendeu bem os interesses de maior rentabilidade dos acionistas, mas gerou imensos custos externos para a vida marítima no Golfo do México, para a indústria pesqueira local, para o turismo e as cidades litorâneas.

[...] *sob pressão do governo estadunidense na sequência do derrame de petróleo da* Deepwater Horizon, *a BP anunciou que suspenderia o pagamento regular dos dividendos. Isso suscitou uma onda de protestos dos pensionistas britânicos que dependiam dos dividendos da BP para as suas aposentadorias. A BP rapidamente concordou em retomar o pagamento de dividendos depois de anunciar planos de vender cerca de 30 bilhões de dólares em ativos, inclusive muitos de seus campos de petróleo*[36]. [...]

Ou seja, manter os dividendos, ainda que descapitalizando a empresa. A busca descontrolada de maximização dos lucros para alimentar os investidores institucionais levou a subinvestimento tecnológico, multiplicação dos riscos, prejuízos para o conjunto dos atores interessados, inclusive para o capital de base da empresa. O interesse sistêmico e de longo prazo foi deixado de lado. Os exemplos desse tipo constituem uma lista infindável, desde fraude com medicamentos (GSK) ou com implantes (Johnson & Johnson) até o entupimento dos nossos alimentos com agrotóxicos e antibióticos (Bayer e inúmeras outras empresas), fraude nas taxas de juros (todos os grandes bancos, sem exceção), passando por apoio técnico e jurídico para evasão fiscal e lavagem de dinheiro (praticamente todos os grandes intermediários financeiros), fraude nos dados de emissão de poluentes (VW e muitas ou-

---

[35] Lynn Stout, The Shareholder Value Myth: How Putting Shareholders First Harms Investors, Corporations and the Public, San Francisco: Berrett-Koehler Publishers, 2012, p. 69.
[36] Ibidem, p. 84.

tras), venda de leite para crianças contaminado (Lactalis) e assim por diante. O leitor pode colocar o nome de qualquer empresa grande da sua preferência, por exemplo "GSK", em um buscador da internet acompanhado da palavra "*settlements*", ou seja, "acordos judiciais", para ver a ficha corrida dos crimes cometidos por ela. Como comenta a *The Economist*, para as grandes empresas, "ficou cada vez mais difícil ficar dentro da lei".

O divórcio entre os interesses do consumidor, da sociedade e do meio ambiente, por um lado, e os interesses financeiros de curto prazo, por outro, aprofunda-se. O que chamamos de mercado não é mais mercado, e sim uma estrutura política, financeira e jurídica (quando não militar) que desorganiza a economia. Em termos econômicos, Lynn Stout usa uma imagem forte: "Quando os interesses de investidores de curto e longo prazo divergem, o pensamento do acionista em termos de valor coloca os mesmos riscos que a pesca com dinamite. Alguns indivíduos poderão conseguir resultados imensos e imediatos. Mas, no conjunto e com o tempo, os investidores e a economia perdem"[37]. E isso apesar dos imensos avanços tecnológicos que os pesquisadores e organizadores dos processos efetivamente produtivos estão assegurando. Não se trata de falta de meios técnicos ou financeiros, e sim da orientação política do seu uso.

....

Até aqui vimos as transformações na base produtiva da sociedade, com a evolução para a economia do conhecimento, intangível na designação de uns, imaterial na de outros, mas essencialmente ancorada em sinais magnéticos. Na era da conectividade planetária por meio da internet, dos smartphones e de outros instrumentos de estocagem, gestão e transmissão de conhecimento, a própria lógica do capitalismo se desloca. A base técni-

[37] Ibidem, p. 73.

ca transformada gera, por sua vez, um conjunto de relações sociais de produção que atingem tanto o mundo do trabalho – com uma nova hierarquização, outros vínculos profissionais e formas de exploração – como o mundo corporativo, com as gigantescas plataformas nas quais estamos todos condenados a navegar. Em particular, a própria desmaterialização do dinheiro e sua volatilidade no espaço virtual deslocaram e ampliaram profundamente as formas de extração da mais-valia. A base organizacional do capitalismo muda em profundidade. Mas mudam igualmente as formas de poder e as ideologias de dominação, as chamadas superestruturas do sistema.

III.
AS SUPERESTRUTURAS DO SISTEMA

A grande realidade é que o mundo apresentado como definitivo por Margaret Thatcher na década de 1980 – na linha do *slogan* "*There is no alternative*" [Não há alternativa] –, com democracias nacionais, eleições, mercados locais e comércio exterior, está saindo de cena com grande rapidez. Mudam as infraestruturas, as bases produtivas do planeta, e com isso se tornam profundamente desajustadas as superestruturas, o conjunto de regras do jogo herdadas da era da economia das nações. O planeta encolheu, temos todos de buscar objetivos de desenvolvimento sustentável, as nações têm de se conformar com um papel reduzido, os povos têm de aprender a conviver em ambiente multicultural. E, muito além do Estado de bem-estar social, temos de evoluir, na formulação da Unctad, para um *global new deal*, um novo pacto global, pois a desarticulação presente está afundando o mundo em dramas ambientais, sociais e econômicos.

No conjunto, os mecanismos formais de regulação e de dominação na sociedade, no nível das superestruturas, ainda se encontram em grande parte enraizados na era do capitalismo industrial e concorrencial, mas as práticas corporativas desenham rapidamente uma outra arquitetura organizacional. O novo *mix* de organização do poder na sociedade gera espaços de governança planetária que escapam aos sistemas formais das nações. O poder político das corporações abre espaços para uma erosão profunda das dimensões públicas do Estado. A apropriação do conhecimento se dá como se se tratasse de uma criação individual, ou de bens físicos pessoais. Um poderoso discurso ideológico busca generalizar uma narrativa do merecimento e da legitimidade das novas formas de poder. A vigilância capilarizada sobre as populações, por meio do controle da privacidade individual, abre espaço para uma perda radical da liberdade, em particular dos que por acaso não acreditarem na "narrativa".

A GOVERNANÇA PLANETÁRIA

O capitalismo herdado do século passado é o capitalismo das nações. Claro, já somos um capitalismo mundial desde a revolução comercial do século XVI – ou pelo menos desde a fase imperialista dos séculos XIX e XX – e temos sucessivos estudos dessa progressiva globalização com Rudolf Hilferding, com Vladímir Lênin e, no pós-guerra, com a ampla visão de Samir Amin na sua magistral obra *L'Accumulation à l'échelle mondiale* [A acumulação em escala mundial], além dos inúmeros estudos setoriais sobre as dimensões financeira, de *commodities*, cultural e assim por diante. Mas hoje podemos dizer que o capitalismo das nações está desaparecendo do mapa porque o processo decisório se deslocou para essa rede monstruosa e cheia de tentáculos que são os gigantes corporativos instalados dentro dos próprios governos nacionais – e pouco vinculados ao interesse das nações onde se instalam.

Na ausência de governo global, no sentido político de governo legítimo e representativo, o que temos é o poder do único sistema que funciona de forma organizada no espaço global, que são as corporações e, em particular, os gigantes financeiros acima das corporações produtivas. Nada disso é radicalmente novo, mas podemos dizer que, a partir dos anos 1980, e de forma mais acelerada ainda depois da crise de 2008, enfrentamos uma mudança qualitativa. Não se trata mais de corporações de um país controlando a política desse mesmo país, mas de grupos mundiais exercendo seu controle, de maneira articulada, sobre um conjunto de países simultaneamente, com capacidade de mudar as leis nacionais em função de interesses transnacionais.

Todas as grandes corporações têm conexões solidamente implantadas em paraísos fiscais, podendo movimentar os seus recursos sem nenhum controle da área pública, de governos eleitos. Mais ainda, com o descontrole dos fluxos financeiros internacionais, é a própria capacidade de cobrança de impostos e de canalização produtiva dos recursos pelos governos eleitos que se vê prejudicada. É muito característico a Apple ter pagado 0,05% em impostos sobre os seus imensos lucros na Europa em 2016. O especialista colombiano em relações internacionais José Antonio Ocampo resume de maneira clara:

> A globalização tornou obsoleto o regime internacional de tributação das empresas. O esquema atual foi elaborado pelos países desenvolvidos no início do século XX, quando suas empresas, que dominavam o comércio mundial – então fundamentalmente de bens –, eram sociedades integradas que comercializavam com empresas radicadas em outros países ou colônias. Mas, hoje, quase a metade do comércio mundial ocorre entre matrizes e filiais de empresas transnacionais, o setor de serviços representa três quintos do PIB mundial, e os países em desenvolvimento produzem dois quintos desse produto, sendo suas grandes empresas também transnacionais[38].

---

[38] José Antonio Ocampo, "A reforma da tributação corporativa internacional: a perspectiva da ICRICT", trad. Luiz Barucke, Nueva Sociedad, jul. 2018, p. 36, disponível em: <http://nuso.org/media/articles/downloads/TG2_Ocampo_EP18.pdf>, acesso em: 16 abr. 2020.

O que aparece na mídia econômica é a briga entre a União Europeia e os Estados Unidos, em torno dos impostos devidos pelas empresas, mas o que realmente importa é que isso reduz drasticamente a capacidade dos governos de promoverem o desenvolvimento por meio de investimentos em infraestrutura e em políticas sociais. Se não governamos os recursos que permitem financiar as políticas, que política estamos governando? O capitalismo em que a economia é planetária e a regulação é nacional simplesmente trava a capacidade dos governos de exercerem a sua principal função, que é a de equilibrar o desenvolvimento por meio de políticas econômicas. Políticas nacionais keynesianas no contexto de fluxos financeiras globais deixam, em grande parte, de funcionar. O longo prazo previsto por Keynes chegou.

De 2012 para 2013, o governo Dilma tentou reduzir os juros usurários que estavam estrangulando a economia em proveito do rentismo financeiro. O seu governo não durou. A partir de meados de 2013, teve início uma guerra política, midiática e jurídica. A classe média alta, com suas aplicações e seu rentismo fácil, não perdoou. O governo que resultou do golpe colocou dois bancos privados no controle dos recursos públicos; a desorganização econômica e política abriu caminho para oportunismos de extrema direita. Essa não é uma particularidade nossa. O governo estadunidense desembolsou trilhões de dólares para seus grandes bancos, a União Europeia desembolsou trilhões de euros. Ambos continuaram alimentando rentistas com a chamada flexibilização quantitativa (*quantitative easing*). Quem tentou escapar da armadilha financeira, como a Grécia, viu-se alvo de uma concentrada ofensiva. Em fevereiro de 2018, Trump deu um gigantesco presente ao mundo das corporações, ao reduzir os impostos de 35% para 20%. E isso enquanto os Estados Unidos estão afundando na desigualdade. São imagens recentes que apenas ilustram a transformação profunda que vivemos.

A APROPRIAÇÃO DA ESFERA PÚBLICA PELO SISTEMA CORPORATIVO

Não é novidade, no sistema capitalista, o Estado servir aos interesses dos capitalistas. Mas, quando um executivo da Exxon assumiu a chefia do Departamento de Estado dos Estados Unidos (ele precisou se desincompatibilizar, o que foi compensado com 125 milhões de dólares, e não durou muito, porque estamos na era Trump, e poucos aguentam) e executivos do Goldman Sachs passaram a chefiar a equipe econômica do governo estadunidense, sem falar do perfil de grande especulador imobiliário do próprio presidente, foi possível perceber que as mudanças eram qualitativas. No Brasil, além de provocar a crise a partir de 2013, os grandes grupos financeiros passaram a dirigir o extinto Ministério da Fazenda e o Banco Central. Com o governo eleito em 2018, foi criado um superministério da Economia, que ficou nas mãos de um banqueiro. A grande visão desenhada e ensinada nas universidades, que consistia na divisão de poderes e no equilíbrio por meio de contrapesos, foi simplesmente ultrapassada. As empresas estão no poder; e no controle das empresas estão os gigantes financeiros. O poder corporativo não é um poder empresarial paralelo ao poder político, ele hoje é o poder político. E os CEOs dos grandes grupos fazem política da manhã à noite.

Examinei com mais detalhe o processo de captura do poder político pelas corporações no já mencionado *A era do capital improdutivo*; aqui apresento alguns pontos mais relevantes, de maneira a mostrar uma visão de conjunto do que sugiro constituir um novo modo de produção, sem que o leitor precise consultar o texto anterior. O dado básico é que temos uma finança global estruturada ante um poder político fragmentado em quase duzentas nações; além disso, o poder dentro das próprias nações, nas suas diversas dimensões, está sendo fraturado por dissensões e facilmente capturado. Tornamo-nos sistemicamente disfuncionais.

Wolfgang Streeck traz uma interessante sistematização dessa captura do poder público, no nível dos próprios governos, pelas corporações. Por meio do endividamento do Estado e dos outros mecanismos vistos anteriormente, gera-se um processo em que, cada vez mais, o governo tem de prestar contas ao "mercado", virando as costas para a cidadania. Com isso, para a sobrevivência de um governo, passa a ser fundamental não quanto ele responde aos interesses da população que o elegeu, e sim se o mercado – ou seja, essencialmente, os interesses financeiros – sente-se suficientemente satisfeito para declará-lo "confiável". De certa forma, em vez de república, ou seja, *res publica*, coisa pública, passamos a ter uma *res mercatori*, coisa do mercado. O quadro-resumo da Figura 6 ajuda a entender o deslocamento radical da política.

Figura 6 – O Estado democrático endividado e seus dois povos

POVO DO ESTADO	POVO DO MERCADO
nacional	internacional
cidadãos	investidores
direitos civis	exigências
eleitores	credores
eleições (periódicas)	leilões (permanentes)
opinião pública	taxas de juro
lealdade	"confiança"
serviços de interesse público	serviço da dívida

Fonte: Wolfgang Streeck, Tempo comprado: a crise adiada do capitalismo democrático, trad. Marian Toldy e Teresa Toldy, São Paulo: Boitempo, 2018, p. 127.

Naturalmente, um se financia através dos impostos, o outro se financia através do crédito. Um governo passa, assim, a ser "destinatário e mandatário de dois coletivos constituídos de forma diferente e como um sistema intermediário entre dois mundos em conflito. Estes funcionam segundo lógicas tendencialmente incompatíveis"[39]. Entre a opinião pública sobre

---

39 Wolfgang Streeck, *Tempo comprado: a crise adiada do capitalismo democrático*, trad. Marian Toldy e Teresa Toldy, São Paulo: Boitempo, 2018, pp. 124-5.

a qualidade do governo e a "avaliação de risco" de esse mesmo governo deixar, por exemplo, de pagar elevados juros sobre a sua dívida, a opção de sobrevivência política pende cada vez mais para o lado do que qualificamos misteriosamente de "os mercados". Onde havia Estado de bem-estar e políticas sociais, teremos austeridade e lucros financeiros. O essencial é manter "a confiança do mercado".

A visão geral de Streeck é que não se trata do fim do capitalismo, e sim do fim do capitalismo democrático. Podemos naturalmente resolver o nosso problema de caracterização do animal que surge acrescentando qualificativos, como capitalismo *global*, capitalismo *autoritário* ou capitalismo *financeiro*. Podemos ainda qualificá-lo pela etapa, referindo-nos à Terceira ou à Quarta Revolução Industrial. Também é possível pensar na mudança que significa a expansão dos fatores informacionais de produção. Igualmente essencial é a mudança da forma de apropriação do excedente social – no caso, com o rentismo financeiro adquirindo mais peso do que o lucro sobre a produção. Mas o essencial do que buscamos é a lógica sistêmica que resulta das várias mudanças. A questão que se coloca é se a categoria *capitalismo* ainda é a mais adequada para o conjunto. O capitalismo sempre foi explorador, mas tinha a conotação positiva de vetor de acumulação produtiva. Hoje, essas dimensões estão dissociadas.

A APROPRIAÇÃO DO CONHECIMENTO

A apropriação privada de um produto social deve ser justificada. O aporte principal de Alperovitz e de Daly, no pequeno livro *Apropriação indébita*, é de deixar claro o mecanismo de apropriação, por parte de minorias, do esforço coletivo de construção do conhecimento. Ao tornar transparentes esses mecanismos, os autores elaboram uma teoria do valor da economia do conhecimento. A força explicativa do que acontece na sociedade moderna, com isso, torna-se poderosa. A análise constitui, de certa maneira, um antídoto contra o novo conto de fadas de que a economia só irá bem se "os mercados" – entenda-se os grandes grupos financeiros – estiverem satisfeitos.

Para dar um exemplo trazido pelos autores, quando a Monsanto adquire controle exclusivo sobre determinada semente, como se a inovação tecnológica fosse um aporte apenas dela, esquece o processo que sustentou esses avanços.

> *O que eles nunca levam em consideração é o imenso investimento coletivo que carregou a ciência genética dos seus primeiros passos até o momento em que a empresa toma a sua decisão. Todo o conhecimento biológico, estatístico e de outras áreas sem o qual nenhuma das sementes altamente produtivas e resistentes a doenças poderia ter sido desenvolvida – todas as publicações, pesquisas, educação, treinamento e ferramentas técnicas relacionadas sem os quais a aprendizagem e o conhecimento não poderiam ter sido comunicados e fomentados em cada estágio particular de desenvolvimento, e então passados adiante e incorporados, também, por uma força de trabalho de técnicos e cientistas – tudo isso chega à empresa sem custo, um presente do passado*[40].

Ao apropriar-se do direito sobre o produto final e ao travar desenvolvimentos paralelos, a empresa canaliza para si gigantescos lucros da totalidade do esforço social, que ela não teve de financiar. Trata-se de um pedágio sobre o esforço dos outros.

Se não é legítimo, pelo menos funciona? A compreensão do caráter particular do conhecimento como fator de produção já é antiga. Uma joia a esse respeito é um texto de 1813 de Thomas Jefferson:

> *Se há uma coisa que a natureza fez que é menos suscetível à propriedade exclusiva do que todas as outras, essa coisa é a ação do poder de pensamento que chamamos de ideia [...]. Que as ideias*

---

[40] J Gar Alperovitz e Lew Daly, Apropriação indébita, op. cit., p. 55.

devam se expandir livremente de uma pessoa à outra, por todo o globo, para a instrução moral e mútua do homem e para o avanço de sua condição, parece ter sido particular e benevolamente desenhado pela natureza quando ela as tornou, como o fogo, passíveis de se expandir por todo o espaço, sem perder a densidade em nenhum momento, e, como o ar no qual respiramos, nos movemos e existimos fisicamente, impossíveis de ser confinadas ou exclusivamente apropriadas. Invenções não podem, por natureza, ser objeto de propriedade⁴¹.

O conhecimento não constitui uma propriedade no mesmo sentido que um bem físico. A caneta é minha, faço dela o que quiser. O conhecimento, na medida em que resulta de um esforço social muito amplo, obedece a outra lógica, e por isso a propriedade não é assegurada em permanência, e sim por vinte anos, por exemplo, no caso das patentes, ou por setenta anos no caso dos *copyrights*, mas sempre por tempo limitado. A propriedade aqui é assegurada por sua função social – estimular as pessoas a inventarem ou a escreverem –, e não por ser um direito natural.

O merecimento é para todos nós um argumento central, a roupagem principal do frágil conto que nos servem. Segundo as palavras de Alperovitz e Daly, "nada é mais profundamente ancorado em pessoas comuns do que a ideia de que uma pessoa tem direito ao que criou ou ao que os seus esforços produziram"⁴². Mas, na realidade, não são propriamente os criadores que são remunerados, e sim os intermediários jurídicos, financeiros e de comunicação comercial que se apropriam do resultado da criatividade, trancando-o em contratos de exclusividade, fazendo fortunas com merecimento duvidoso. Não é a criatividade que

---

[41] "Thomas Jefferson to Isaac McPherson", 13 ago. 1813, em: Philip B. Kurland e Ralph Lerner (org.), The Founders' Constitution, v. 3, Indianapolis: Liberty Fund, 2001, disponível em: <http://press-pubs.uchicago.edu/founders/documents/a1_8_8s12.html>, acesso em: 17 abr. 2020.
[42] Gar Alperovitz e Lew Daly, Apropriação indébita, op. cit., p. 96.

é remunerada, e sim a apropriação dos resultados: "Se muito do que temos nos chegou como um presente gratuito de muitas gerações de contribuições históricas, há uma questão profunda relativamente a quanto uma pessoa possa dizer que 'ganhou merecidamente' no processo, agora ou no futuro"[43].

As pessoas em geral não se dão conta das limitações. Hoje, 95% do milho plantado nos Estados Unidos é de uma única variedade, com desaparecimento da diversidade genética, e as ameaças para o futuro são imensas. Teremos livre acesso aos livros de Paulo Freire apenas a partir de 2067, setenta anos depois da morte do autor[44]. O livre acesso às composições de Heitor Villa-Lobos será assegurado a partir de 2029. Isso está ajudando a criatividade de quem? Patentes de vinte anos há meio século podiam parecer razoáveis, mas, com o ritmo de inovação atual, que sentido fazem? Já são 32 milhões de pessoas que morreram de doenças relacionadas à aids, e as empresas farmacêuticas (o *big pharma*) proíbem os países afetados de produzir os medicamentos que compõem o coquetel antiaids, são donas de intermináveis patentes. Ou seja, há um imenso enriquecimento no topo da pirâmide, baseado não no aporte dessas pessoas, mas no fato de se apropriarem de um acúmulo historicamente construído durante sucessivas gerações, por múltiplas instituições, com contribuições do sistema educacional, de centros públicos e privados de pesquisa, universidades e assim por diante.

Nesta era em que a concentração planetária da riqueza social em poucas mãos está se tornando insustentável, entender o mecanismo de geração e de apropriação dessa riqueza é fundamental. Alperovitz e Daly não são nada extremistas, mas defendem que o acesso aos resultados dos esforços produtivos deva ser minimamente proporcional aos aportes. "A fonte de longe a mais importante da prosperidade moderna é a riqueza social sob forma de conhecimento acumulado e de tecnologia herdada", o que

---
[43] Ibidem, p. 97.
[44] As obras de Paulo Freire de acesso aberto estão disponíveis online no repositório do Centro de Referência Paulo Freire: <http://www.acervo.paulofreire.org:8080/jspui/browse?type=author&order=ASC&rpp=20&value=Freire%2C+Paulo>.

significa que "uma porção substantiva da presente riqueza e renda deveria ser realocada para todos os membros da sociedade de forma igualitária, ou, no mínimo, no sentido de promover maior igualdade"[45]. Um Bill Gates, se não fosse a invenção dos transístores e dos semicondutores, além dos sistemas lógicos desenvolvidos durante a Segunda Guerra Mundial, ainda estaria brincando com tubos de raios catódicos na sua garagem. A produção é mais social do que nunca, e a apropriação dos resultados, mais privada do que nunca. Soa familiar?

O CONTO IDEOLÓGICO: A NARRATIVA DO MERECIMENTO

Os sistemas precisam construir a justificação ideológica da sua razão de ser. A exploração, ou seja, a apropriação do excedente social por uma minoria, vai buscar uma explicação aceitável, uma narrativa, como hoje dizemos, ainda que enganadora. A superestrutura organizada de poder buscará formar um sistema articulado que se sustente. Será normalmente a combinação de um mecanismo de extração da riqueza social com uma ampla construção ideológica destinada a explicar a exploração em nome de algum tipo de merecimento das classes superiores, justificando uma forma de apropriação do trabalho de terceiros (escravos, servos, assalariados ou, ainda, terceirizados, segundo a época e as regiões), e o uso da força policial e militar em nome da ordem e da segurança do povo.

As "narrativas" não constituem algo novo. Os africanos podiam ser escravizados porque não tinham alma, os servos precisavam obedecer porque o rei era um escolhido de Deus e os senhores feudais tinham sangue azul, os assalariados precisam sobreviver com o que recebem porque os mais ricos são mais ricos por merecimento. A cada situação, de fato, corresponde um conto de fadas, frequentemente grosseiro, mas suficiente-

---

[45] Ibidem, p. 153.

mente repetido pelos que controlam e formatam a opinião pública, para "pegar" e se tornar lugar-comum. Como foi que acreditamos durante séculos no conto do "sangue azul", do rei ser rei "por direito divino"? Com que facilidade assumimos como verdadeiro aquilo que satisfaz o que queremos acreditar, por maior bobagem que seja! O essencial é que seus preconceitos profundos satisfaçam os nossos. O processo se amplia radicalmente quando há uma massa de pessoas dispostas a acreditar na mesma bobagem. A cretinice coletiva é um flagelo da humanidade. Uma belíssima leitura a respeito é o clássico *The March of Folly* [*A marcha da insensatez*], de Barbara Tuchman. "A cabeça oca [*wooden-headedness*], fonte do autoengano, é um fator que joga um papel notavelmente amplo em governos. Consiste em avaliar uma situação em termos de noções fixas preconcebidas, ignorando ou rejeitando qualquer sinal em contrário. Consiste em agir de acordo com o desejo, sem permitir que os fatos alterem a visão."[46] *Homo sapiens*?

Mudam os sistemas, evoluem as tecnologias, mas não muda o esquema. Na fase atual, da economia do conhecimento, coloca-se o espinhoso problema da legitimidade da posse do conhecimento. A mudança é radical em relação aos sistemas anteriores: a terra pertence a um ou a outro, as máquinas têm proprietário, são bens "rivais". No caso do conhecimento, como vimos, trata-se de um bem cujo consumo não reduz o estoque. Se transmitimos o conhecimento a alguém, continuamos com ele, não perdemos nada, e, como o conhecimento transmitido gera novos conhecimentos, todos ganham. A tendência para a livre circulação do conhecimento, para o bem de todos, torna-se, portanto, poderosa. Aqui, faz-se necessário para as oligarquias – além, é claro, de mecanismos inovadores de extração do excedente social – um novo conto de fadas, solidamente reforçado pelo porrete das forças de segurança contra os teimosos que não acreditam em contos de fadas.

---

[46] Barbara W. Tuchman, *The March of Folly: from Troy to Vietnam*, New York: Knopf, 1984, p. 8.

Assim é a base da nossa organização social: um tripé composto pelo mecanismo de extração do excedente; pelo conto de fadas, elegantemente chamado de "narrativa"; e pelo porrete para quem não acredita no conto. O peso relativo de cada subsistema de poder muda segundo as circunstâncias. O povo entende perfeitamente o porrete, entende bem menos de onde veio o conto de fadas e não entende nada dos mecanismos econômicos. Os que querem explicitar ou transformar os mecanismos econômicos e os que não acreditam no conto de fadas são evidentemente os primeiros a levar o porrete. Gandhi, Mandela e Lula são, de certa forma, companheiros de cárcere.

Os diversos modos de produção – escravidão, feudalismo, capitalismo – criaram com esses três elementos uma lógica sistêmica que assegurou a sua sobrevivência durante séculos. Mas, quando os mecanismos econômicos na base produtiva da sociedade mudam, é o conjunto do edifício que é abalado. Os nobres dançavam em Versalhes, recomendavam brioches aos que não tinham pão, sem compreender que estavam pendurados num luxuoso limbo artificial, com o solo desaparecendo sob os seus pés. O exercício que aqui fazemos, essa articulação de argumentos, parte da constatação de que os mecanismos econômicos e a base produtiva mudaram e, ainda que subsistam os simulacros da fase democrática e de capitalismo concorrencial, os tempos são outros. Entre Versalhes e Davos, há semelhanças.

A principal narrativa do capitalismo industrial era simples: o enriquecimento dos mais ricos se traduz em fábricas, logo, em empregos, produtos e impostos. E o dinheiro na mão dos pobres se traduziria apenas em consumo improdutivo. A grande transformação, evidentemente, é que o capitalismo atual, que enriquece à custa da "bola de neve" financeira, é ele próprio improdutivo: trava a capacidade produtiva em vez de dinamizá-la. O capitalismo da era "sem capital" está à procura de uma narrativa que justifique uma explosiva concentração de riquezas nas mãos de quem não produz, pelo contrário, trava as iniciativas de quem poderia produzir. Nesse sentido, o imenso poder do sistema informacional/financeiro é muito frágil. O ódio que se expande no planeta contra os sistemas financeiros de exploração e os sistemas virtuais de controle está simplesmente ligado ao fato de que as pessoas começam a entender a disfuncionalidade do sistema e o engodo a que estão submetidas. A narrativa da era industrial simplesmente não cola para o enriquecimento improdutivo dos rentistas. O que ainda protege o sistema é, curiosamente, a dificuldade da população de compreender os sistemas financeiros.

Para o novo modo de produção que surge, mais importante do que controlar os meios de produção tradicionais é controlar os fluxos financeiros e os meios de comunicação e de informação da população, apropriar-se do mecanismo de mudança das leis por meio do controle dos parlamentos e dos sistemas judiciários, comprar universidades e instituições de pesquisa e tudo que se refere ao conhecimento, gerar plataformas de informação e comunicação que entreguem o controle sobre a própria intimidade das pessoas. Os mecanismos econômicos mudaram e continuam mudando de forma acelerada, o porrete já canta, e o conto de fadas correspondente ainda está à procura de algum argumento que faça sentido. Como justificar uma imensa concentração de riqueza nas mãos de grupos que pouco ou nada produzem, ou a apropriação destrutiva de recursos naturais que farão falta às gerações futuras? No sistema feudal pelo menos havia a justificativa de que o castelo do nobre protegeria os servos em tempos de guerra. Os barões do sistema financeiro têm o que a oferecer em contrapartida do que extraem? O Consenso de Washington se parece cada vez mais com o pacto da nobreza no Congresso de Viena em 1815. As elites sempre tiveram propensão a acreditar cegamente na legitimidade dos seus privilégios. Ou, pelo menos, na sua capacidade de criar o conto que os legitime.

O ESTREITAMENTO DOS ESPAÇOS DE LIBERDADE INDIVIDUAL

Tendo a seguir a visão de Streeck de que, de certa forma, o animal que surge não cabe dentro da democracia. Ele pode até conviver com o voto, sem dúvidas; mas a que ponto o voto hoje tem sentido, quando as pessoas já não acreditam na sua utilidade, quando se desagregam os subsistemas de organização da participação da sociedade e os mecanismos básicos para que a democracia funcione? Que instrumento efetivo de representação constituem os partidos Democrata e Republicano nos Estados Unidos? O que subsiste dos sindicatos, fragmentados na mesma proporção em que a chamada classe trabalhadora se fragmenta e se desarticula em profissões e níveis diferenciados? O que subsiste das organizações da sociedade civil, perseguidas e restringidas nas suas ações por toda parte? A massa popular não organizada não representa nenhum poder efetivo de controle. Pode haver centenas de milhões de insatisfeitos, mas uma minoria organizada e articulada exercerá um poder muito mais significativo: é a força de penetração dos interesses pontuais ante os interesses difusos das maiorias. Naomi Klein apresenta uma excelente descrição dessa capacidade de ruptura por parte das minorias no poder tanto em *A doutrina do choque* como em *Não basta dizer não*.

Por outro lado, as novas tecnologias permitem, hoje, um controle individualizado das pessoas que está progredindo com impressionante rapidez. A invasão da privacidade, atualmente, é avassaladora, e as pessoas em geral estão ou pouco informadas ou indiferentes. Na rotina e monotonia do nosso cotidiano, nos pequenos embates da vida, a quem vai interessar bisbilhotar o que conosco acontece? A realidade é que interessa, e muito. A pessoa comum vai sentir o impacto da apropriação das suas informações pessoais, por diversos sistemas, ao buscar um emprego, ao contratar um seguro, ao abrir uma conta no banco, ao fazer uma compra no crediário, ao pedir um visto, ao contratar um plano de saúde, ao tentar se proteger de ataques online e *bullying* cibernético. Haver informações detalhadas sobre nós – nome, endereço, fotos e detalhes íntimos – na mão de poderosas instituições ou simplesmente de irresponsáveis e de inúmeros grupos comerciais, religiosos ou ideológicos é algo que pode afetar profundamente nossa vida, tanto individual como coletivamente.

O primeiro ponto é que as tecnologias tornaram a invasão da privacidade simples e barata. Na era da informática, ter informações pessoais detalhadas e individualizadas sobre milhões de pessoas não representa nenhum problema técnico. Os algoritmos permitem o tratamento e cruzamento de dados de tal maneira que se torna fácil para agentes interessados, sejam governos, sejam empresas ou organizações criminais, individualizar as informações para focar apenas uma pessoa, ou uma família, ou um grupo de trabalhadores de uma empresa, ou um tipo de doente e assim por diante.

A invasão de privacidade pode igualmente ter caráter estratégico nas áreas política e econômica. Para a Agência de Segurança Nacional dos Estados Unidos (National Security Agency – NSA), gravar conversas privadas entre Angela Merkel e Dilma Rousseff constitui um instrumento de política internacional, inclusive com o repasse das informações para outras instituições interessadas em outros países. Uma Cambridge Analytica brincar de trambicar eleições por meio dos dados do Facebook tornou-se uma obviedade. Acessar as conversas internas de governos antes de reuniões internacionais, para conhecer de antemão as propostas que virão à mesa em reuniões internacionais, constitui uma vantagem estratégica que provocou protestos de países da União Europeia.

Invadir os computadores da Petrobras para ter acesso aos dados sigilosos sobre reservas do pré-sal, iniciativa facilitada com o pretexto de combate à corrupção, constitui espionagem política e industrial com impactos evidentes, de interesse imediato dos grupos internacionais da área. Não é apenas a privacidade individual e pessoal que está em jogo. Uma empresa privada como a multinacional Serasa Experian decide controlar a nossa vida financeira tal como a Fitch, a Moody's e a Standard & Poor's se dão ao luxo de avaliar a confiabilidade dos nossos governos. Alguém as elegeu? Existe algum instrumento equivalente para controlar os próprios sistemas financeiros?

Por trás desse acelerado processo de transformação, naturalmente, está a tecnologia. Os avanços são absolutamente impressionantes, e as transformações ultrapassam radicalmente em ritmo os lentos avanços da legislação, da regulamentação, da própria mudança cultural. Os envelopes podiam ser fechados e lacrados, os dossiês podiam ser guardados em cofres, as portas de uma reunião podiam ser trancadas, as fotos íntimas ou simplesmente familiares dormiam na paz dos álbuns. Hoje tudo são sinais magnéticos, informações imateriais acessíveis por toda parte e passíveis de serem armazenadas, tratadas com tecnologias de *big data*, analisadas por meio de algoritmos, transmitidas para todas as partes do planeta em instantes.

O processo é profundamente assimétrico. Como indivíduos somos radicalmente vulneráveis, mas os gigantes que manejam o sistema, seja no nível governamental, como no caso da NSA ou do britânico Quartel-General de Comunicações do Governo (Government Communications Headquarters – GCHQ), por onde passa o essencial dos fluxos de informação do mundo, seja no nível da informação, como Alphabet (Google), Facebook, Microsoft, Apple, Amazon, Verizon e poucos mais, simplesmente não permitem que tenhamos acesso nem à quantidade de informações captadas nem às decisões sobre o seu uso. A não ser em raros momentos de vazamentos heroicos, como no caso dos arquivos revelados por Edward Snowden ou das iniciativas de Julian Assange, a população não tem ideia do que acontece com as informações. Na prática, ela se encontra impotente. A realidade é que estamos avançando com muita rapidez para um tipo de *Big Brother* em que o poder das corporações associado ao poder do Estado muda radicalmente o conceito de cidadão. Obter a submissão das populações será cada vez mais fácil, na medida em que algoritmos identificarão os indivíduos e os grupos inconformados com muita antecipação. O porrete poderá ser reservado para os extremos. Para a massa, bastará o conformismo gerado pelo controle difuso e pelo conto de fadas.

No conjunto, estamos assistindo a uma transformação nas superestruturas, nas formas de organização do poder, que vão se adequando com atraso às profundas mudanças na base produtiva. O tempo do capitalismo com democracia, voto e cidadãos está cada vez mais distante, ou menos significativo. As superestruturas em construção são outras.

....

As superestruturas do poder, as regras do jogo herdadas – o trabalhador recebendo o que corresponde à sua força de trabalho e o capitalista recebendo o fruto do seu capital –, sugerindo, portanto, que o sistema seria justo e produtivo, perdem claramente a sua legitimidade no novo contexto. Os governos, articulados com as corporações, recorrem a meios cada vez menos democráticos, tentando equilibrar um sistema travado na base da força. Há um desajuste crescente entre a base econômica do século XXI e as regras do jogo herdadas dos séculos passados. É um desajuste sistêmico, não muito diferente do que sofria a superestrutura do sistema feudal, incapaz de se equilibrar frente a uma base econômica que tinha evoluído para a era da manufatura e do capitalismo industrial em expansão.

Com todo o seu poder, e apesar de uma nova coerência sistêmica que essa organização busca, há uma fraqueza básica: o enriquecimento no topo da pirâmide é claramente improdutivo, e a narrativa do merecimento está se desfazendo rapidamente. Em particular, em termos econômicos, não é produzindo ou estimulando a produção que o sistema se apropria do excedente, mas, pelo contrário, gerando escassez. A concentração de renda e de patrimônio aprofunda a desigualdade, e hoje os pobres têm consciência do massacre que sofrem. E são muitos. As formas de produção são um desastre para o meio ambiente, e as pessoas no mundo começam a se mobilizar. Tal como funciona, em termos sociais, ambientais e econômicos, o sistema está se tornando cada vez mais disfuncional. As oportunidades surgem, naturalmente, da necessidade e da evidente possibilidade de reversão do que gera atraso, tensões e insegurança no planeta. Os sacrifícios e dramas sociais, econômicos e políticos que sofremos são simplesmente desnecessários. Insensatez, diria Barbara Tuchman.

O problema básico é entender melhor o que está nascendo, quais transformações das regras do jogo serão necessárias para a sociedade que surge – com os seus dois grandes eixos, a economia do conhecimento e o sistema financeiro – dotar-se de regras do jogo e de um sistema político adequados. Por enquanto, o que temos são regras ferrenhas de proteção da propriedade privada, quando a economia está fundada num fator de produção, o conhecimento, generalizável para o conjunto da sociedade. E bancos centrais sem dentes para controlar o sistema global da moeda virtual, em que os bancos privados emitem e controlam os recursos financeiros. O resultado é um rentismo generalizado sem a correspondente contribuição produtiva. E governos nacionais fragilizados frente a uma economia financeira globalizada que lhes escapa. Quando Stiglitz recorre ao título *Rewriting the Rules of the American Economy* [Reescrevendo as leis da economia estadunidense] para a sua crítica do sistema atual, está abrindo a porta para uma revisão muito mais ampla de como nos organizamos como sociedade. Martin Wolf, comentarista-chefe de economia do *Financial Times*, conclui corretamente que "o sistema perdeu a sua legitimidade". Mas o sistema opressivo que vemos no horizonte pode se expandir na própria medida da sua falta de legitimidade.

IV.
AS OPORTUNIDADES NO HORIZONTE

No centro das transformações no horizonte – no sentido do desenho não de uma sociedade ideal, mas das que resultam da própria dinâmica da base econômica –, está o fato que mencionamos amplamente ao longo de todo este estudo: o principal fator de produção desta época, o conhecimento, é um fator de produção cujo uso não reduz o estoque. É um fator de produção imaterial, portanto pode ser estocado, analisado, transmitido e generalizado em volumes virtualmente infinitos e praticamente sem custos. E, sendo imaterial, ancorado nas ondas eletromagnéticas, o conhecimento pode ser generalizado para toda a população e todas as empresas através de aparelhos simples e baratos que cabem no bolso.

Todo o conhecimento acumulado pela humanidade está disponível para todos, com a reserva de que as corporações travam o acesso a ele com o pretexto da legitimidade da propriedade intelectual. Não há como não ver a imensa generalização da prosperidade planetária que está no horizonte, da mesma forma que não há como não ver a batalha das corporações e dos rentistas para tentar travar o acesso a ela. O capitalismo dos gigantes corporativos que extraem riqueza em vez de assegurar a sua expansão tem a fragilidade de apresentar, na expressão feliz de Epstein e Montecino, do Roosevelt Institute, uma produtividade líquida negativa.

No centro do debate está o fato de podermos generalizar o conhecimento pelo planeta afora, tornando-o acessível a todos independentemente do nível de renda, sem custos adicionais. Isso em si, em termos de visão de organização da base econômica do século XXI, constitui um terremoto. Vivemos a era do acesso aberto, ou melhor, do potencial do acesso aberto, em que as instituições que geram barreiras e escassez artificial aparecem cada vez mais como o que são: entraves à generalização do progresso. O conceito de propriedade, em particular a sua legitimidade, precisa agora ser radicalmente redimensionado. Não por razões filosóficas ou jurídicas, mas por razões evidentes de produtividade sistêmica da sociedade.

Um segundo grande eixo de destravamento da nossa capacidade de generalizar o progresso e a prosperidade compartilhada consiste em resgatar o nosso direito de nos reapropriarmos dos nossos próprios recursos financeiros. Esses recursos, hoje, também fazem parte da economia imaterial, conjunto de sinais magnéticos que constituem meios, e não fins. Quando os alemães colocam as suas poupanças em *Sparkassen*, caixas econômicas da sua cidade ou da sua comunidade, e as usam para o desenvolvimento da sua região, essas poupanças voltam a ser produtivas em vez de alimentar a especulação e os paraísos fiscais. Central aqui é o conceito de *unearned income*, renda não merecida, que conhecemos como rentismo, associado às pessoas que "vivem de renda", com figuras até simpáticas, tão bem retratadas na literatura do início do século passado, mas que hoje constituem um dreno sobre os nossos potenciais produtivos.

Estes dois eixos de alternativas – a abertura geral do acesso ao conhecimento e a reorientação dos recursos, de modo a financiar as iniciativas necessárias – estão nos levando a repensar radicalmente a economia, essa ciência social que nos permite sistematizar uma dimensão importante, mas insuficiente, de um mundo que funcione. Tanto o acesso ao conhecimento como o acesso aos recursos são vitais para que cada pessoa ou grupo de pessoas, em qualquer parte do planeta, possa tomar iniciativas em prol do seu próprio progresso e do progresso da sua comunidade. O grande capital controla o conhecimento e os recursos financeiros, cobrando com *royalties*, patentes e *copyrights* o acesso ao primeiro, e com juros absurdos o acesso ao segundo, gerando escassez para poder cobrar o acesso. É um sistema de minorias que enriquecem ao dificultar o desenvolvimento, em vez de promovê-lo.

Sabemos bem hoje o que deve ser feito, estão aí os Objetivos do Desenvolvimento Sustentável (ODS), da ONU, excelente sistematização das prioridades, como redução das desigualdades e erradicação da pobreza, na visão ampla de uma sociedade economicamente viável, socialmente justa e ambientalmente sustentável[47]. O acesso generalizado ao conhecimento no sentido amplo, bem como o acesso aos recursos financeiros, constituem os meios básicos para que os ODS se materializem. Temos, como dizem, a faca e o queijo, mas eles estão em mãos erradas.

O ACESSO AO CONHECIMENTO - *OPEN ACCESS*

Voltemos à mudança sistêmica de maior relevância: tal como a terra era o principal fator de produção na era agrícola e a máquina, na era industrial – com seus respectivos arranjos de propriedade, de governo e de ideologia –, agora, o conhecimento passa a ser o principal fator de definição de um novo modo de produção. O recurso financeiro não é um fator de produção em si. Emitir um monte de moedas num país determinado não acrescenta nada à sua riqueza, mas gera um instrumento de apropriação dos recursos produtivos que precisa ser direcionado para quem melhor dinamiza a economia real. A luta pelo controle do conhecimento, e dos recursos financeiros que permitem a sua apropriação, está no

---

[47] ONU, Plataforma Agenda 2030, disponível em: <http://www.agenda2030.org.br/>, acesso em: 17 abr. 2020.

centro dos modos de regulação do acesso e dos diversos "contos" ou "narrativas" que passam a dominar o novo universo econômico, social e cultural. Tanto o conhecimento como o recurso financeiro são hoje imateriais, com a diferença de que o conhecimento é o principal fator de produção, enquanto os recursos financeiros constituem apenas os meios.

O que muda radicalmente nesta era do conhecimento é que se trata de um fator de produção imaterial, que pode ser acessado por meio de um aparelho que qualquer pessoa no mundo tem, ou terá brevemente, em cima da sua mesa ou no bolso. Esse conhecimento pode ser reproduzido, repassado e apropriado por qualquer pessoa, empresa ou instituição – desde um pesquisador até o pequeno agricultor – sem custos adicionais, com o imenso potencial de avanços tecnológicos e inovações nas mais variadas áreas. Se Jean-Jacques Rousseau atribuía boa parte das nossas desgraças ao primeiro homem que apontou para um campo e disse "Isso é meu", hoje temos uma imensa oportunidade de construir uma sociedade colaborativa e uma prosperidade compartilhada. O homem novo de Rousseau apontaria para o fator de produção que hoje é coletivamente produzido e diria "Isso é nosso".

Patentes? Stiglitz e Greenwald colocam o problema na sua dimensão atual, ao se referir aos *patent thickets*, selva de patentes:

> *Qualquer pessoa envolvida na elaboração de um programa de software [...], mesmo com total originalidade, arrisca-se, ao fazê-lo, a violar algumas das centenas de milhares de patentes de software relacionados dos quais pode ter se aproximado o bastante para que seja sujeita a litígios. Ninguém consegue acompanhar a miríade de patentes publicadas – e, se alguém pudesse, seria difícil que tivesse tempo para se dedicar à pesquisa. Nesse sentido, o próprio sistema de patentes se tornou um entrave à inovação*[48].

---

[48] Joseph E. Stiglitz e Bruce C. Greenwald, Creating a Learning Society: a New Approach to Growth, Development and Social Progress, *New York: Columbia University Press*, 2015, p. 259.

Michael Heller, citado pelos autores, usa o nome sugestivo de *anticommons* [anticomuns] para denunciar essa deformação. Entre os aportes mais ricos nessa linha está o trabalho de Elinor Ostrom e Charlotte Hess, *Understanding Knowledge as a Commons* [Entendendo o conhecimento como bem comum]:

Commons *se tornou uma palavra de referência para informação digital. Estava sendo trancafiada [enclosed], transformada em* commodity *e patenteada de maneira abusiva [overpatented]. Seja qual for a denominação utilizada, bens comuns ligados a "digital", "eletrônico", "informação", "virtual", "comunicação", "intelectual", "internet" ou outros, todos esses conceitos se referem a um novo território compartilhado de informação global distribuída*[49].

A orientação básica desse novo território diz respeito ao seu imenso potencial de apropriação generalizada: "Quanto mais pessoas compartilharem conhecimento útil, maior será o bem comum. Considerar o conhecimento como bem comum, portanto, sugere que o eixo unificador de todos os recursos comuns se encontra no seu uso compartilhado, gerido por grupos de várias dimensões e interesses"[50].

Elinor Ostrom consagrou sua vida de pesquisa aos bens comuns, como a água, as florestas, os recursos pesqueiros e outros, o que lhe valeu o Prêmio Nobel, do Banco Nacional da Suécia – aliás, primeiro Nobel de Economia concedido a uma mulher. Com Charlotte Hess, organizou uma coletânea em que os estudos anteriores que realizou sobre os bens comuns são aproveitados para pensar e entender também o conhecimento como bem comum. Reuniu autores de primeira linha, e os diversos capítulos circularam entre todos, de modo que se citam reciprocamente: é uma construção e uma análise dos desafios dessa profunda transformação que caracterizará o século XXI.

---

[49] Charlotte Hess e Elinor Ostrom, Understanding Knowledge as a Commons: from Theory to Practice, *Cambridge: MIT Press, 2007, p. 4.*
[50] Ibidem, *p. 5.*

O *open access*, acesso aberto e compartilhado, não significa a ausência de formas de gestão, um vale-tudo, mas regras do jogo adequadas de forma a valorizar o que é de uso comum por meio de arranjos institucionais inovadores. Os capítulos trazem as visões de pesquisadores diversos, como a de James Boyle sobre a informação vista como ecossistema e sobre o absurdo que representa o trancamento do acesso aberto a obras por mais de setenta anos; a de Wendy Pradt Lougee sobre as transformações da universidade e, em particular, das funções das bibliotecas universitárias quando o conhecimento passa a ser universalmente disponível; a de Peter Suber sobre a evolução do acesso aberto; a de Shubha Ghosh sobre os novos conceitos de propriedade intelectual; a de Nancy Kranich sobre o procedimento das corporações de trancar o acesso e gerar um novo processo de "*enclosures*" [cercamentos]; a de Peter Levine sobre formas de organização da sociedade civil em torno dos novos arranjos; entre outras.

A regra básica que predomina é a seguinte: uma empresa que trava o acesso a um princípio ativo na área farmacêutica, por exemplo, ganha vantagens, mas o seu ganho pontual é incomparavelmente menor do que a perda dos efeitos multiplicadores que teria na sociedade ao tornar o conhecimento reproduzível no mundo. A própria geração do conhecimento se dá no *remix*, tão bem qualificado por Lawrence Lessig, dos inúmeros avanços tecnológicos da sociedade. Trata-se de destravar o acesso, de liberar o conhecimento, de abrir os pedágios sobre a criatividade. Entre o financiamento das pesquisas e a perda de produtividade sistêmica planetária, gerada pelos pedágios sobre a propriedade intelectual, o desequilíbrio é radical. Quando o Massachusetts Institute of Technology (MIT) decide abrir o acesso gratuito às suas pesquisas, com dezenas de milhões de textos baixados pelo planeta afora, está transformando o financiamento público das suas pesquisas em inúmeras inovações de outras instituições públicas ou privadas, com efeito multiplicador de produtividade para todos.

A CONECTIVIDADE E A SOCIEDADE EM REDE

Desde os trabalhos básicos de Manuel Castells sobre a sociedade em rede, o processo vem se intensificando e se multiplicam os estudos sobre as novas tendências. Que governança democrática podemos ter quando os governos nacionais perdem espaço e os gigantes corporativos se estruturam como poder mundial? Não há governo mundial nem qualquer poder político que faça contrapeso ao poder das corporações. David Held resume bem a questão:

> *O que é notável no sistema moderno global é a expansão das relações sociais por meio de novas dimensões de atividades e a intensificação crônica de modelos de interconectividade mediada por fenômenos como as redes modernas de comunicação e as novas tecnologias de informação. [...] O equilíbrio de poder se deslocou em favor do capital em relação tanto aos governos nacionais como aos movimentos trabalhistas nacionais. Como resultado, a autonomia de governos democraticamente eleitos tem sido crescentemente travada por fontes não eleitas e não representativas de poder econômico*[51].

A profundidade da mudança está diretamente ligada à conectividade planetária, que permite que um grupo instalado em Genebra, Londres ou Nova York maneje milhares de empresas dispersas pelo planeta, na linha de uma autêntica *telegestão*, gestão a distância, aprofundando os desequilíbrios econômicos e ambientais. Em compensação, a mesma conectividade permite que as unidades produtivas, indivíduos ou empresas, um professor universitário ou uma pequena *startup*, entrem em parcerias com pessoas ou organizações que perseguem objetivos afins ou complementares, independentemente

---

[51] David Held, "Democracy and Globalization", em: Daniele Archibugi, David Held e Martin Köhler (org.), Re-imagining Political Community: Studies in Cosmopolitan Democracy, Stanford: Stanford University Press, 1998, pp. 13 e 18.

da localização geográfica. Hoje qualquer clínica ou organização da sociedade civil multiplica contatos, intercâmbios de tecnologia ou outras formas de colaboração pelo planeta afora, tecendo uma rede mundial de interdependências que passa por cima de inúmeras regulamentações e complexidades burocráticas, ignorando-as, já que os insumos imateriais são apenas simbolicamente controlados. A mesma base técnica social que permite o controle corporativo abre espaços para os sistemas em rede de produção descentralizada.

Hoje essa conectividade permitiria, por exemplo, assegurar a renda básica a qualquer família reduzida à pobreza em qualquer parte do mundo, tal como foi realizado no Brasil com dezenas de milhões de pessoas. Permitiria focar com precisão milhões de pessoas afetadas pelo HIV, reduzindo radicalmente a expansão da doença e os custos sistêmicos do combate a ela. Permitiria organizar de maneira precisa programas de rearborização de regiões ameaçadas pelo desmatamento, ou o controle detalhado das fontes de poluição e contaminação. Em outros termos, estamos dando apenas os primeiros passos no imenso potencial que se abre com esta ampla transformação: a evolução para a economia do imaterial; a conectividade planetária que permite a gestão descentralizada em rede; e um dinheiro virtual que pode nos liberar dos gigantescos pedágios que pagamos a quem não contribui e nem sequer é dono do dinheiro que empresta.

Entre o potencial que se abriu para as grandes corporações – que se apropriaram dos avanços tecnológicos para controlar com dedos mais compridos segmentos da economia e até da política em qualquer lugar – e a liberação que se torna possível reforçando os processos horizontais de colaboração em rede por parte das pequenas empresas e dos indivíduos, por enquanto, não há dúvida que as corporações estão ganhando o jogo. Foram as primeiras a poder financiar a apropriação das tecnologias e as dobraram em seu proveito. Mas por toda parte surgem novas dinâmicas. Jeremy Rifkin é dos que se deram conta da profundidade da transformação:

A economia de mercado é lenta demais para tirar toda a vantagem da velocidade e do potencial produtivo que se tornaram possíveis com as revoluções do software *e das comunicações. O resultado é que estamos presenciando o nascimento de um novo sistema econômico que é tão diferente do capitalismo de mercado como este último era diferente da economia feudal de outra era*[52].

A realidade é que as gigantescas e custosas pirâmides de poder burocrático em que se transformaram as corporações apresentam uma imensa fragilidade: elas têm impacto sistêmico negativo em termos tanto ambientais como sociais. E, em particular, econômicos: você já viu quanto é a sua conta no celular? Acha que tem alguma proporção com os custos do serviço prestado pela operadora? As ondas eletromagnéticas que banham o planeta de repente têm dono? A economia da colaboração abre aqui novos espaços, ainda que sejam os primeiros passos.

O POTENCIAL DA COLABORAÇÃO

Obviamente, se eu posso passar algo valioso para alguém e continuar com esse algo, como é o caso de um bem imaterial, por exemplo uma ideia, o conceito de competição encontra-se radicalmente deslocado. Arun Sundararajan publicou uma das melhores e mais abrangentes análises da economia do compartilhamento, *The Sharing Economy*, um livro tão essencial para entender as novas dinâmicas quanto *Sociedade com custo marginal zero*, de Jeremy Rifkin. A internet das coisas constitui, em geral, uma atividade comercial que aproveita a conectividade ampla das pessoas e agentes econômicos, assim como o caráter intangível dos insumos, para desenvolver uma grande variedade de arquiteturas organizacionais. A grande vantagem é que o au-

---

[52] Jeremy Rifkin, The Empathic Civilization: the Race to Global Consciousness in a World in Crisis, New York: Penguin, 2009, pp. 537-8.

tor sistematiza de forma muito legível o que são as atividades, os desafios econômicos, culturais e legais, os impactos no emprego, as formas de regulação. O fato de dar numerosos exemplos e de explicar como funcionam ajuda muito. Sundararajan apresenta sumariamente as variedades dessa nova forma de organização econômica:

> *Nossa pesquisa sugere amplas variações em diversas plataformas. Muitas se parecem com mercados que facilitam o empreendimento, enquanto outras se parecem mais com hierarquias que empregam contratantes. Junto com Airbnb, Etsy e BlaBlaCar, plataformas de trabalho como Upwork e Thumbtack, plataformas de refeições sociais como VizEat e Eatwith, a plataforma de troca de passeios turísticos Vayable (fundada pela pioneira da economia compartilhada Jamie Wong) são claramente mais do tipo "mercado"; plataformas de passageiros como Lyft e Uber estão em algum lugar no meio; enquanto plataformas centradas em serviços ou trabalho, como Luxe, Postmates e Universal Avenue, estão mais próximas de ser hierarquias do que a média das plataformas de economia compartilhada costuma estar*[53].

A conectividade aqui é vital. Na economia do conhecimento, podemos transformar em riqueza social o capital parado de conhecimento que as pessoas têm na cabeça, por exemplo através da Wikipédia. No caso do sistema financeiro, essa mesma conectividade permite, por meio de plataformas apropriadas, desintermediar o crédito, pondo em contato, diretamente, quem tem dinheiro parado e quem dele precisa. Estamos dando os primeiros passos no aproveitamento das imensas oportunidades que a conectividade planetária oferece, inclusive utilizando tecnologias como *blockchain*. Aqui estamos falando de capital subutilizado, mas também do trabalho das pessoas subaproveitadas.

---

[53] Arun Sundararajan, The Sharing Economy: the End of Employment and the Rise of Crowd-Based Capitalism, *Cambridge: MIT Press, 2016, p. 77.*

O carro é um exemplo interessante. Os carros particulares são utilizados uma hora por dia, em média, o que significa apenas 4% do seu potencial de transporte. Como, ademais, circulam com uma média de 1,3 passageiros, ainda que tenham espaço para 5, no total estamos utilizando algo como 1% da capacidade desse capital imobilizado durante horas, seja parado no nosso local de trabalho, seja ocupando nossa garagem, seja entulhando as ruas ou simplesmente imobilizado no trânsito. Hoje temos edifícios residenciais na Suécia onde alguns carros na garagem fazem parte do condomínio, as pessoas pegam o que está disponível.

Em Paris, há tempos, funciona uma rede de veículos elétricos públicos, que ficam estacionados em diversas partes da cidade, como foi feito inicialmente com bicicletas. O usuário recebe uma mensagem no aplicativo instalado no seu celular indicando onde pode encontrar ou deixar o veículo, que fica estacionado em locais onde pode se conectar a aparelhos de recarga. Gera-se um uso mais intensivo, reduzem-se o trânsito e a poluição. No caso do Airbnb, é igualmente óbvio o imenso desperdício de inúmeras residências vazias ou com espaço ocioso. No geral, o princípio é o mesmo; são tantas as coisas que temos e que compramos para utilizar pouco ou somente uma vez, como mostra o sucesso das plataformas de empréstimo de ferramentas.

Mas as dinâmicas corporativas de prioridade absoluta do dinheiro e do curto prazo geram outros desafios. Em Berlim, por exemplo, foi proibida a locação por Airbnb. A razão é que, inicialmente, esse sistema funcionou no caso de um aposentado ou uma família que saía de férias e disponibilizava o seu apartamento, ganhando um dinheiro extra; mas, depois, grandes grupos imobiliários passaram a comprar prédios inteiros para alugar a turistas, reduzindo a disponibilidade de residências para a população berlinense, elevando os aluguéis e causando uma crise. É o convívio caótico de lógicas diferentes. O vale-tudo do mercado no quadro de uma economia que mudou de natureza. A grande liberdade econômica que representa qualquer indivíduo com acesso à internet desenvolver atividades econômicas como produtor, e não apenas consumidor (os chamados prosumidores), pode ser transformada por uma corporação em sistemas opressivos, pelo gigantismo e pela escala em que operam.

No conjunto, as iniciativas colaborativas surgem com muita força, pois as oportunidades e as vantagens econômicas para o conjunto da economia (e não só para os contratantes) são evidentes, por usarem melhor riquezas já existentes. É só pensar em uma coisa tão simples como o *software* que localiza vagas para estacionar por meio de um aplicativo de celular, reduzindo o tempo que gastamos com essa procura: bastou que alguém pensasse para fazer uma plataforma adequada.

Alex Stephany, citado por Sundararajan, resume bem os argumentos ao enumerar as vantagens: 1) da facilidade e da desburocratização possibilitadas pelas trocas e pelo pagamento; 2) da mobilização de recursos parados ou subutilizados; 3) da acessibilidade online com o poder da internet; 4) da aproximação comunitária pelos sistemas de trocas e iniciativas locais; 5) da redução da compulsão de "possuir", substituída pela praticidade do "acesso"[54].

Mas estamos desenvolvendo práticas inovadoras em espaços já ocupados por gigantes econômicos, enfrentando um vazio jurídico que gera temores e tensões naturais de transição ou de convívio. Frequentemente, como no caso da Uber, a força da plataforma é muito maior do que a dos contratantes, o pagamento de impostos correspondentes continua relativamente fluido e, entre protestos e propostas, está se desenhando um novo conjunto de regras de jogo. Simplesmente proibir o potencial das articulações em rede não resolve. Mas o vale-tudo do chamado livre-mercado encontra seus limites diante das novas tecnologias.

Temos, portanto, de ir além do raciocínio das vantagens individuais como único motor da economia. Um dos principais teóricos da sociedade do conhecimento, Lawrence Lessig, ao se referir à colaboração, sugere que o mais importante talvez seja

---

[54] Ibidem, p. 24.

que tenhamos de dar às pessoas um sentimento de fazer parte de algo que faça sentido [...]. Se olharmos a Wikipédia, por exemplo, as pessoas sentem realmente que fazem parte de algo, estão ajudando a construir um repositório de conhecimento humano, e isso é uma coisa impressionante. É um pleno espectro de motivação, da mesma forma como se consegue um pleno espectro de motivação no software livre[55].

A economia criativa, as redes de colaboração, a economia solidária, o princípio do compartilhar e outras iniciativas trazem vento fresco ao opressivo sistema corporativo que nos empurra em correrias incessantes para ter mais dinheiro, para comprar mais coisas que teremos cada vez menos tempo ou paciência para apreciar. A mudança é bem-vinda e, na minha convicção, é inexorável, apesar da enorme ofensiva de travamento ou de cooptação por parte das corporações tradicionais. Mas há desafios no horizonte, pontos de tensão e debate: novas tecnologias geram novas relações de produção, com riscos e oportunidades, e as regras do jogo desse novo sistema ainda estão nas fraldas.

AS TRANSFORMAÇÕES DEMOGRÁFICAS

Uma área relativamente pouco estudada, nas suas implicações sobre as formas de organização econômica e social, é a transformação da dinâmica demográfica. Um eixo central de mudança é a urbanização. Hoje somos dominantemente urbanos no planeta – no Brasil, as cidades abrigam 87% da população. Isso abre um conjunto de oportunidades para a organização das políticas de desenvolvimento. Não é viável administrar o país de forma centralizada, como atualmente é o caso, por simples razões de mecanismos de gestão. Temos no Brasil 5.570 municípios extrema-

---

[55] Lawrence Lessig, Remix: Making Art and Commerce Thrive in the Hybrid Economy, *New York: Penguin Press, 2008, p. 185.*

mente diversificados. Os países hoje desenvolvidos dispõem de sistemas descentralizados de gestão, cada cidade tem autonomia e recursos para gerir as suas políticas em função dos interesses e particularidades locais. Isso torna mais racional tanto a gestão, pela proximidade entre os processos decisórios e o impacto para as comunidades, como a política dos governos centrais, que podem se concentrar nos problemas estruturais e de longo prazo da nação. O sistema atual, com prefeitos fazendo fila nas antessalas dos ministros, não funciona nem para os municípios nem para os ministérios, resultando em complexas arquiteturas de favorecimentos. A política com boa vontade mas sem lógica administrativa correspondente simplesmente não funciona.

A nova visão de aproveitamento das capacidades locais, com economia e gestão de proximidade, está muito relacionada com o avanço da conectividade e dos sistemas horizontais em rede. Hoje mesmo os municípios menores ou mais isolados podem perfeitamente se conectar com a região e com centros de pesquisa, fontes de informação tecnológica e comercial e assim por diante. O Wi-Fi urbano que se generaliza no planeta, assegurando a todos os agentes econômicos e sociais a conectividade gratuita ou quase gratuita, abre oportunidades para pequenos e médios empreendedores, permitindo novas articulações entre as áreas rurais e urbanas dos municípios. O projeto Piraí Digital é uma entre inúmeras iniciativas. A gestão urbana descentralizada e em rede abre espaço para uma nova arquitetura de processos decisórios, com mais eficiência e mais democracia. As comunidades poderem participar da construção e da transformação do seu entorno gera, evidentemente, outro clima político, com menos "eles" e mais "nós". É o chamado empoderamento, com imensas oportunidades subaproveitadas[56].

Um segundo eixo demográfico importante é a transformação da família. Tradicionalmente, além de um núcleo, a família cons-

---

[56] A esse respeito, vejam o meu livro O que é poder local, disponível online em <dowbor.org>.

tituía um processo de reprodução social entre gerações. Com no mínimo três gerações, o que chamávamos de "lar" assegurava o fluxo entre os filhos ainda não produtivos, mas com lugar à mesa, os produtores e os idosos já não mais produtivos, também com espaço assegurado. A reprodução intergerações era garantida pela família expandida. Hoje, em geral, o lar consiste em um casal, com um ou dois filhos, morando numa casa ou apartamento, num bairro onde mal se conhecem os vizinhos. No Brasil, a média por domicílio é de 3,1 pessoas, milhões de domicílios são ocupados por mães sozinhas com filhos. Na Europa, a média por domicílio é de 2,4 pessoas. Quando há recursos para isso, o idoso pode ter um lugar num asilo. A família foi transformada numa microunidade econômica comercialmente ideal, com apartamento, geladeira, televisão e sofá. E sejam felizes. As separações estão explodindo, poucos casais sobrevivem nesse universo onde a claustrofobia impera.

Onde há problemas há também oportunidades. Muitos países geraram políticas sociais, na linha do Estado de bem-estar social, assegurando infraestrutura e políticas que compensam o que as famílias nucleares já não mais asseguram. Os homens adultos que dominam na política e no mundo empresarial combatem, indignados, o que qualificam de Estado-babá (*nanny State*), pelo menos enquanto não envelhecem. Mas o fato de um país ou uma cidade se organizarem de maneira sistemática para suprir, com recursos sociais, o que já não cobrem os recursos individuais abre imensos espaços para uma economia do acolhimento que precisa se expandir, inclusive porque o tempo do idoso se expande. Em vez de combater a segurança social ou a previdência, precisamos nos dotar de mais capacidades nessa área.

Os novos desafios abrem igualmente oportunidades em termos de organização de comunidades onde os espaços de sociabilidade compensam a atomização e a individualização. Inúmeras cidades dispõem de espaços abertos de convívio, desde parques a piscinas públicas e espaços de esporte e lazer, em cada bairro, com distâncias "de ir a pé", além de atividades culturais diversificadas que reconstituem o tecido social desarticulado pelas dinâmicas urbanas e familiares. Em outros termos, a visão que herdamos de que só existiremos em termos econômicos se arrumarmos um emprego, abrigados por um poder empresarial, que nos permitirá comprar o apartamento, a geladeira, o sofá e a televisão, pode evoluir para um conceito de convívio muito mais livre e aberto, com ampla dimensão de economia social. O argumento de que tais políticas não cabem no orçamento é destinado apenas a permitir que o lazer e os espaços sociais sejam apropriados por empresas privadas, com custos muito mais elevados e maior hierarquização da sociedade.

Uma transformação estrutural na mesma área consiste na expansão do papel econômico e social da mulher. Essa expansão não representa, naturalmente, avanços apenas para as mulheres, mas para o conjunto da sociedade. Não é aqui o caso de elencar a óbvia desigualdade que subsiste entre os gêneros, nos salários, nos empregos, na representação política, nos direitos. Mas cabe salientar que, da mesma forma que os meios contraceptivos deram à mulher direito de escolha sobre ser ou não mãe, a evolução da sociedade industrial para a sociedade do conhecimento abre perspectivas radicalmente novas em termos de avanços no processo mais amplo de como a sociedade gere a si própria. A vantagem muscular do homem torna-se cada vez menos significativa na economia moderna: entre os que se formam no ensino superior hoje, cerca de 57% são mulheres e 43%, homens. O fato de a economia moderna estar cada vez mais ancorada no conhecimento muda profundamente o desenho do nosso futuro social. Os machos alfa que nos dominam, com ego explosivo, nos seus postos de autoridade na política e nas corporações, fazem parte do século passado. Eles reproduzem uma sociedade de violência, desigualdade e discriminação insustentável. Uma sociedade mais equilibrada em termos de gênero tende a ser simplesmente mais civilizada.

A urbanização, a transformação das famílias, a organização social, a participação das mulheres e a economia do conhecimento tendem a desenhar para a nossa vida uma nova configuração.

Nisso, terão um papel muito mais importante as organizações da sociedade civil, no quadro de uma política mais descentralizada e participativa. Não são sonhos, são potenciais subutilizados. A economia tende a se deslocar para atividades que enriquecem o nosso cotidiano, e não mais só centradas no que podemos comprar.

O POTENCIAL DAS POLÍTICAS SOCIAIS

Um conjunto de oportunidades surge a partir da mudança da composição intersetorial das nossas atividades. Quando pensamos em atividades econômicas, tendemos a nos referir a indústria, agricultura, construção e semelhantes. Mas é importante ter em conta que a agricultura, por exemplo, representa nos Estados Unidos cerca de 3% da economia; a indústria, na sua totalidade, cerca de 10% (e minguando); ao passo que só o setor da saúde representa 20% do PIB (e crescendo). Em outros termos, o que entendemos por atividades econômicas mudou profundamente.

As pessoas tendem a resumir essa mudança apresentando o peso do chamado setor terciário, os serviços. Em termos científicos, isso é uma desgraça, pois se trata, como bem analisa Manuel Castells, de um conceito residual: sabemos o que é agricultura, ligada à terra, e sabemos o que é indústria, organizada em fábricas. De forma geral, todo o "resto" é chamado de serviços. Quando o "resto", ou seja o "outros", constitui três quartos ou mais do que analisamos, temos obviamente um problema metodológico. Pegar três quartos das nossas atividades e colocar a etiqueta "serviços" não resolve nada. Mas, quando desdobramos os serviços (conceito que merece ser arquivado) nos seus componentes, temos uma compreensão útil das transformações.

Por um lado, nota-se o agigantamento dos sistemas de intermediação, em particular comercial e financeira. Nos Estados Unidos, há algumas décadas, os intermediários financeiros se apropriavam de 10% do lucro corporativo do país; hoje, apropriam--se de mais de 40%. Os intermediários comerciais, em particular os gigantes chamados de *traders*, também se tornaram atores de peso pesado na apropriação do excedente social: apenas 16 grupos controlam o essencial do comércio de *commodities* no mundo. Temos aqui um setor de atividades que podemos chamar de "serviços de intermediação", que constitui um universo coerente que deve ser analisado para que possamos compreender grande parte das deformações econômicas no planeta. Hoje em dia, os intermediários financeiros, comerciais e jurídicos se apropriam de muito mais produto social do que os próprios produtores.

Por outro lado, nós temos o imenso setor constituído pelo que chamamos de forma ampla de políticas sociais: saúde, educação, esporte, lazer, cultura, informação, segurança etc.; atividades eminentemente produtivas, porque se trata de investimento nas pessoas, e, também, essenciais, porque são políticas indispensáveis à nossa qualidade de vida. O que todos queremos é uma vida com saúde, cultura, segurança e semelhantes. Contrariamente às atividades de intermediação, que são atividades-meio, aqui estamos refletindo sobre o que queremos da vida, as atividades-fim.

O objetivo geral da economia é, ou deveria ser, o bem-estar das pessoas, assegurado de maneira sustentável, ou seja, sem destruir o futuro das próximas gerações. Esse bem-estar não se resume a um salário mínimo, à renda que auferimos. A renda tem papel essencial, sem dúvida, permite comprarmos remédios, pagarmos o aluguel. Mas quase igualmente importante é o que chamamos de salário indireto, o acesso ao consumo coletivo que se torna possível quando o país dispõe de sistemas públicos de saúde, educação, cultura, segurança, um ambiente sem poluição e semelhantes.

A população canadense, para dar um exemplo, tem um salário inferior ao da estadunidense, mas tem creche de graça para os filhos e, no próprio bairro, escola com infraestrutura esportiva, ruas arborizadas que melhoram a qualidade de vida e assim por diante. É significativo constatar que o Canadá assegura o acesso ao serviço público de saúde, gratuito e universal, com excelentes resultados mediante um gasto médio anual de 3,4 mil dólares por pessoa, enquanto o estadunidense médio gasta – tirando do bolso, numa transação comercial – em média 9,4 mil dólares. A Organização para a Cooperação e Desenvolvimento Econômico (OCDE) avalia que os Estados Unidos têm o sistema de saúde mais ineficiente do conjunto dos países desenvolvidos. A saúde do britânico custa 4 mil dólares ao ano, com nível bastante superior. O salário indireto funciona. A saúde privatizada é um péssimo negócio.

O bem-estar das famílias depende também de investimentos em infraestrutura, o que inclui ruas asfaltadas, rios limpos para o lazer, organização de sistemas de transporte, acesso à água segura e à energia elétrica ou, ainda, à banda larga gratuita assegurada como serviço público, como já existe em tantas cidades do mundo. O importante aqui é que estas três dinâmicas – renda direta para gastos do cotidiano; acesso a bens de consumo coletivo e infraestrutura que nos permita um cotidiano equilibrado; e condições ambientais razoáveis –, que nos permitem uma vida digna, dependam apenas em parte do setor privado.

O acesso à renda, ao *pocket-money*, depende, sem dúvida dominantemente, do acesso ao emprego e ao salário, mas depende também de transferências para quem se aposentou, para quem não pode trabalhar, para quem não tem como arrumar um emprego, ou seja, depende de transferências monetárias do sistema público. Onde funciona bem (seja na Coreia do Sul, seja na China, na Alemanha, na Finlândia ou no Canadá), o acesso aos serviços sociais básicos constitui essencialmente um sistema público, gratuito e universal. Dizemos gratuito, mas é um sistema pago, naturalmente, de forma indireta através dos nossos impostos. É também salário indireto. A constatação de tantas análises de produtividade das políticas sociais é que estas são muito mais eficientes quando asseguradas de forma universal e gratuita. Onde as políticas sociais se veem substituídas por empresas com fins lucrativos, temos educação para ricos e educação para pobres, saúde para ricos e saúde para pobres, com todas as tensões e perdas de produtividade sistêmica que isso provoca.

O que interessa é que já se foi o tempo em que a massa da população dependia apenas do dinheiro de bolso, do salário ou de outra fonte de renda. A política pública, em qualquer sociedade que funcione, representa como ordem de grandeza 40% da economia. Não por populações gostarem do "*nanny state*", Estado-babá, como dizem com desprezo os estadunidenses, mas porque é mais eficiente em termos de cálculo de custo-benefício elementar e porque assegura maior igualdade social. Ou seja, na principal área de atividades – as políticas sociais, que adquiriram peso econômico maior do que a indústria e a agricultura somadas – não funcionam os mecanismos de mercado, e sim as políticas públicas.

Onde as áreas sociais são apropriadas pelas empresas, resultam a indústria da doença, a indústria do diploma, a pasteurização da cultura, em vez de políticas inteligentes em termos de resultados econômicos, sociais e ambientais. No setor de segurança, o que era combate à pobreza se transforma em combate aos pobres. Mas a área de atividades econômicas que se agiganta – a das políticas sociais – pode ser um poderoso eixo estruturante de formas descentralizadas e participativas de organização econômica e social: é onde se situam prioritariamente as organizações da sociedade civil. O cidadão sueco médio participa de quatro organizações comunitárias. O controle social é vital para o sistema funcionar. A conectividade, a facilidade de articulação e as possibilidades de organização de sistemas participativos, permitidas pela urbanização, abrem espaço para uma governança muito mais descentralizada e participativa. Além disso, a inoperância e a ineficiência dos sistemas privados nessa área abrem oportunidades de mudança política e social.

O ACESSO AOS RECURSOS FINANCEIROS

O endividamento das famílias, das empresas e dos governos atingiu 164 trilhões de dólares em 2018, mais do que o dobro do PIB mundial. Os juros sobre essa massa de recursos drenam a capacidade de expandir a demanda das famílias, a produção das empresas e o financiamento de infraestrutura e de políticas sociais por parte dos governos. No caso do Brasil, como vimos, a extração de recursos pelos rentistas atingiu níveis que paralisam a economia. Na realidade, como se observou com a própria crise de 2008, o processo atinge a economia mundial. A exploração por meio de endividamento se tornou o principal meio de apropriação do excedente social por quem não o produz; e, na medida em que o próprio Estado, em vez de regular, torna-se parceiro da extração desse excedente, a armadilha passa a envolver a totalidade do sistema.

Zygmunt Bauman avalia esse "capitalismo parasitário" em texto bem-humorado: o sistema atual é um

> sucesso ao transformar uma enorme maioria de homens, mulheres, velhos e jovens numa raça de devedores. [...] Sem meias palavras, o capitalismo é um sistema parasitário. Como todos os parasitas, pode prosperar durante certo período, desde que encontre um organismo ainda não explorado que lhe forneça alimento. Mas não pode fazer isso sem prejudicar o hospedeiro, destruindo assim, cedo ou tarde, as condições de sua prosperidade ou mesmo de sua sobrevivência[57].

Ao se capturarem todos os endividados num fluxo interminável de juros, cujo volume ultrapassa radicalmente o aporte produtivo dos créditos, forma-se um dreno permanente. Os intermediários financeiros, inclusive, detestam os bons pagadores. Os melhores clientes são aqueles que, de refinanciamento em refinanciamento, se tornam fonte permanente de alimentação do sistema. "O cliente que paga prontamente o dinheiro que pediu emprestado é o pesadelo dos credores."[58]

No Brasil, em particular, cada vez mais pessoas se dão conta do absurdo de depositarem dinheiro nos bancos que as remuneram

---

[57] Zygmunt Bauman, Capitalismo parasitário: e outros temas contemporâneos, trad. Eliana Aguiar, Rio de Janeiro: Zahar, 2010, pp. 18 e 8.
[58] Ibidem, p. 14.

em nível que mal cobre a inflação, enquanto na hora que precisam do recurso – que não é do banco – pagam juros astronômicos. A usura e a agiotagem constituem práticas com raízes na pré-história; com o dinheiro eletrônico, elas se tornaram um sistema planetário. Mesmo os mais humildes contribuem para os bancos a cada compra com cartão de crédito, a cada remessa para a família. No entanto, essa mesma capilaridade do sistema virtual permite a inversão do processo. Em outros termos, temos de encontrar na mesma transformação tecnológica a base da nossa liberação do dreno permanente a que somos submetidos, um pedágio não só inútil como contraproducente.

Precisamos desses intermediários? Temos as alternativas dos bancos cooperativos (Polônia), dos bancos comunitários de desenvolvimento (114 já no Brasil), das caixas econômicas locais (*Sparkassen*, na Alemanha), das moedas sociais (o palma, o sampaio e tantas outras no Brasil), dos bancos públicos locais (Bank of North Dakota, nos Estados Unidos), das ONGs de crédito (Placements Éthiques, na França), do contato direto e sem atravessadores entre produtores e clientes (agricultura familiar no Quênia) e, inclusive, da desintermediação mais radical com moedas virtuais e trocas comerciais por meio das tecnologias *blockchain*. Tudo isso ainda é muito pouco, mas quem disse que o dinheiro como sinal virtual não pode tramitar diretamente entre os que o usam de maneira produtiva, sem que para isso seja preciso pagar tanta intermediação que trava em vez de ajudar?

Os bancos existentes poderão encontrar o seu papel voltando àquilo que justifica a sua criação: agregar poupanças para empréstimos, com modalidades e juros regulados, que permitam desenvolver atividades produtivas, gerando emprego e renda. Isso, naturalmente, dá trabalho. Identificar bons investimentos, avaliar os projetos, seguir a sua execução, ou seja, fomentar a economia real, fornecendo apoio técnico, com justa remuneração. Trabalho necessário, centrado na produtividade sistêmica da economia. O cálculo de viabilidade financeira de um projeto de investimento permite perfeitamente identificar que taxa de juros garante que o empreendimento seja viável. Em vez de publicidade, de fraude e de agiotagem, os bancos podem fazer a lição de casa e contribuir para a economia como qualquer outro setor de atividades.

É particularmente importante entender que os recursos financeiros são apenas sinais magnéticos e que os fluxos financeiros devem fazer parte de uma política econômica cujo objetivo principal seja orientá-los para atividades em que serão mais produtivos. E sabemos como fazê-lo. Hoje temos suficientes experiências com bancos cooperativos, bancos comunitários de desenvolvimento, sistemas de microcrédito, caixas econômicas municipais, moedas sociais e sistemas de troca não monetária, para resgatar a utilidade do dinheiro e do crédito e redirecionar o uso dos nossos recursos.

Ao dirigir os recursos para a base da sociedade, para as famílias que transformam a sua renda em consumo, aumentamos a demanda por bens e serviços. Essa demanda permite uma expansão das atividades produtivas por parte do mundo empresarial. Tanto o consumo (por meio do imposto sobre o consumo) como a atividade empresarial (por meio dos impostos sobre a produção) geram receitas para o Estado, o que permite que ele recupere o que colocou inicialmente na base da economia, cobrindo o déficit inicial e expandindo a sua capacidade de ampliar a dinâmica com investimentos em infraestrutura e políticas sociais. Por sua vez, os investimentos em infraestrutura dinamizam atividades empresariais e empregos. E as políticas sociais, em saúde, educação, cultura, segurança e semelhantes, constituem investimentos nas pessoas, asseguram o consumo coletivo que melhora o bem-estar das famílias e torna o conjunto da economia mais produtivo. Atividades de professores, médicos e agentes de segurança também constituem empregos e produtos necessários, não são "gasto".

Esse ciclo econômico-financeiro, em que se melhora para as famílias o acesso aos bens de consumo e ao consumo coletivo, em que se amplia o mercado para as empresas, em que se reduz o desemprego pela expansão geral de atividades e em que o Estado resgata o seu equilíbrio financeiro por meio dos impostos correspondentes, chama-se simplesmente "círculo virtuoso". Funcionou no enfrentamento da crise de 1929 nos Estados Unidos (*New Deal*), com forte imposto sobre as fortunas financeiras (até 90%) e expansão das políticas sociais e dos processos redistributivos. Funcionou na reconstrução da Europa no pós-guerra (Estado de bem-estar social, *welfare State*), com aumento sistemático da capacidade de compra das camadas populares, aumento sistemático dos salários proporcional ao aumento de produtividade e, naturalmente, políticas sociais de saúde, educação, segurança e outras, baseadas no acesso universal, público e gratuito. Funcionou na reconstrução da Coreia do Sul, que manteve um grau de desigualdade muito baixo. Funciona hoje na China, que vem priorizando a expansão do consumo popular e dos investimentos do Estado em infraestrutura e políticas sociais. E funcionou, obviamente, entre 2003 e 2013 no Brasil, enquanto a reação dos meios financeiros não quebrou o sistema. O óbvio ululante é que sabemos perfeitamente o que funciona em termos econômicos.

O que não sabemos é de que modo conciliar o modelo que funciona com a vontade dos grupos financeiros, hoje dominantes, de extrair da economia mais do que para ela contribuem e, inclusive, mais do que ela pode suportar. Temos um sistema financeiro do século XXI, com moeda virtual e movimentações planetárias, controladas por gigantes financeiros, mas nossas leis e formas de organização econômica são do século passado, da era industrial. Ainda imaginamos que mais dinheiro nas mãos dos mais ricos se transformará em mais investimentos produtivos, empregos e produtos? O único resultado serão maiores fortunas financeiras e o drama que enfrentamos de o 1% deter mais patrimônio do que os 99% seguintes. A narrativa que nos empurram, de que os ricos sabem melhor promover a economia, já não bate.

....

Apresentamos aqui alguns eixos de oportunidades que surgem com a era do conhecimento e a economia do intangível. Os mesmos avanços tecnológicos que nos colocam a serviço e sob domínio de gigantes – Google, Amazon, Facebook, Apple e Microsoft (Gafam) ou Baidu, Alibaba, Tencent, Xiaomi (BATX) – abrem espaço para articulações horizontais em rede[59]. A moeda virtual e a conectividade generalizada entre as pessoas e as empresas produtoras tornam possível desintermediar as finanças e torná-las produtivas e baratas. A sociedade em rede, que tão bem descreve Manuel Castells, torna viáveis processos decisórios horizontais, reduzindo o papel da verticalidade autoritária. A conectividade, aliada aos sistemas de busca inteligente, permite ampliar radicalmente as formas colaborativas de produção, terreno em que estamos dando apenas os primeiros passos. E a ascensão planetária das políticas sociais como principal área de atividade humana aponta para dinâmicas diferenciadas em termos de expansão do setor público, das organizações da sociedade civil e de formas descentralizadas e participativas de gestão.

São novas configurações e oportunidades, mas o que temos enfrentado até agora é a invasão da privacidade e o controle social por parte dos gigantes da mídia comercial, a exploração desenfreada pelo endividamento, as pirâmides corporativas de poder que, além de não serem reguladas pelos governos, controlam o próprio processo político. A conectividade permite que os gigantes corporativos se dotem de dedos mais longos. A apropriação privada das políticas sociais leva a formas nocivas de expansão do rentismo em áreas vitais como saúde, educação e segurança. Temos assim um universo varrido por avanços tecnológicos e a construção de novos equilíbrios com definição insegura, podendo tanto levar ao *Big Brother* de George Orwell como gerar sociedades mais abertas, democráticas e participativas. Por enquanto, o mundo das corporações está claramente ganhando o jogo. Nosso problema não é a falta de recursos, mas de capacidade de utilizá-

---

[59] Ver Douglas Heaven, "How Google and Facebook Hooked us – and How to Break the Habit", New Scientist, 7 fev. 2018, disponível em: <https://www.newscientist.com/article/mg23731640-500-how-google-and-facebook-hooked-us-and-how-to-break-the-habit/>, acesso em: 14 abr. 2020.

-los de maneira inteligente. Temos tecnologias mais poderosas, mas com motivações cada vez mais duvidosas e finalidades simplesmente desastrosas.

Temos um conflito crescente entre os interesses difusos da sociedade e os interesses pontuais das corporações. Uma consulta pública sobre a necessidade de se preservar a floresta amazônica obteria, seguramente, uma resposta favorável quase unânime da sociedade brasileira, mas esse interesse disperso e fragmentado, mesmo representando milhões de pessoas, torna-se impotente diante de uma corporação que vê a oportunidade de ganhar milhões de dólares, por exemplo, explorando o mogno. A corporação saberá financiar políticos, juízes ou órgãos de controle até obter as suas vantagens. O poder pontual tem muito mais força de penetração do que o interesse geral. Todos queremos preservar os oceanos, mas, entre o interesse difuso das populações e o lucro imediato que a sobrepesca ou o descarte de resíduos químicos diretamente nas águas podem gerar para alguns grupos econômicos, a luta é simplesmente desigual. Com a fragilização dos processos democráticos no plano nacional, e sua quase inexistência no plano mundial, passamos a assistir à destruição do meio ambiente e à sobre-exploração das populações em nível cada vez mais dramático. Com a erosão da democracia, a capacidade de representação do interesse geral se vê apropriada pelos próprios grupos corporativos. Em nome de reduzir o Estado, geram uma máquina cada vez mais invasiva e controladora.

Um outro mecanismo poderoso é constituído pelo gigantismo corporativo aliado à formação de *clusters* de interesses. O "arco do fogo" que destrói a floresta amazônica fornece uma clara ilustração. O mundo da madeira nobre – madeiras preciosas que não foi preciso plantar – é constituído por corporações fortes, e a exploração se reforça. Depois de tirada a nata da floresta, outro grupo de interesses, em particular o da soja, financia a queimada e o destroncamento, o que vai permitir algumas excelentes safras, importantes para o mundo igualmente poderoso dos grãos. Fragilizado o solo, pela perda de cobertura florestal e pela sobre-exploração da monocultura de grãos, abre-se o espaço para a pecuária extensiva; é a vez do poderoso grupo de interesses da carne. A convergência dos interesses das madeireiras, do agronegócio dos grãos e da cadeia produtiva da carne possibilita um domínio impressionante do espaço político nacional, com uma representação no Congresso que permite fragilizar a legislação de proteção das florestas e das matas ciliares, bem como aprovar o Projeto de Lei 6299/2002, conhecido como PL do Veneno.

Tanto o conceito de interesses difusos como o conceito de *clusters* de poder ajudam a dimensionar as formas mais amplas de concentração de poder que fogem do controle dos sistemas democráticos de representação, quando deles não se apropriam. Voltamos ao título do estudo de Octavio Ianni, "A política mudou de lugar". E a questão com que nos deparamos cada vez mais é bastante óbvia: teremos, *Homo sapiens* que somos, com a nossa capacidade de analisar racionalmente as dinâmicas e de tomar providências, como reverter as tendências?

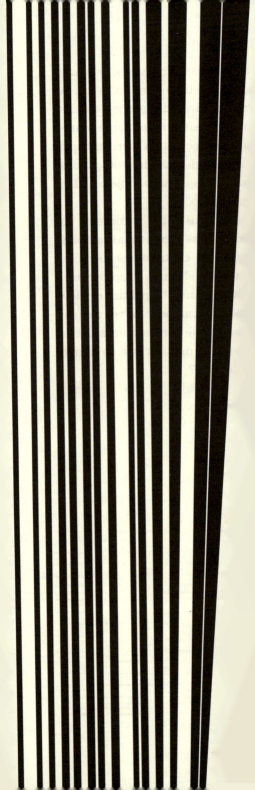

V.
OS LIMITES DA RACIONALIDADE: AFINAL, O QUE SOMOS?

Ainda que se abram imensas oportunidades com a sociedade do conhecimento, a economia imaterial e a conectividade planetária, na realidade, tudo dependerá da nossa capacidade de aproveitá-las. Independentemente das análises sobre classes sociais, organizações de trabalhadores ou partidos políticos, ou ainda da possibilidade de criarmos uma mídia democrática, coloca-se com força hoje a necessidade de compreender com mais realismo o que somos como pessoas, como seres humanos. Estou indo além da economia, extrapolando, por assim dizer, a minha *expertise*? Sem dúvida, e é o que os economistas sempre fizeram ao apoiarem, por exemplo, todo o edifício da teoria econômica herdado dos últimos séculos, fundado em uma imensa simplificação psicológica. Para que as equações fizessem sentido, era preciso imaginar que o ser humano maximizava racionalmente as suas vantagens, tornando-o cientificamente previsível e possibilitando apresentar a economia como ciência. Isso, obviamente, é uma monumental bobagem. Desenvolvemos construções científicas sofisticadas apoiadas numa premissa falsa. Uma leva de estudos recentes demonstra claramente que se trata, na expressão de Michael Hudson, de *junk economics*.

Gostamos naturalmente de nos considerar racionais, somos superiores aos animais com os seus instintos e capazes de construir racionalmente o nosso futuro. Aqui há claramente um imenso *wishful thinking*, uma ilusão sobre o que somos. É tão gratificante nos sentirmos superiores. Aliás, procuramos sempre justificativas racionais para as nossas crenças ou ações, por absurdas que sejam. O conceito de racionalização resume bem essa construção precária em torno de opções que de racionais têm muito pouco.

Os nazistas estavam aperfeiçoando a raça superior, os carrascos da Ku Klux Klan estavam limpando o país e protegendo donzelas brancas, as ditaduras latino-americanas estavam nos protegendo do comunismo, a invasão do Iraque nos protegeria das armas de destruição em massa, o golpe de 2016 no Brasil foi para restabelecer o equilíbrio econômico e para combater a corrupção, Lula foi preso porque roubou e assim por diante. Hoje as racionalizações são construídas em escala industrial por empresas especializadas em *marketing* político, com o apoio de *think tanks*, de setores da academia e, evidentemente, da imensa máquina de comunicação articulada com as plataformas de informação individualmente direcionadas. A realidade foi substituída pelas narrativas. Qualquer semelhança com racionalidade é mera coincidência, ou uma construção *a posteriori*.

Essa dimensão dos nossos comportamentos é essencial para entendermos a nossa imensa dificuldade em construir uma sociedade que funcione. Em outros termos, uma coisa é analisarmos as dinâmicas de poder e as dificuldades estruturais para melhorarmos a sociedade, por exemplo o fato de que a economia se globalizou enquanto os governos são nacionais, ou ainda o fato de que as tecnologias avançam muito mais rapidamente do que a nossa capacidade de gerar instrumentos de governança. Outra coisa é pensarmos a que ponto a nossa própria irracionalidade, como seres humanos, torna difícil a construção de uma sociedade que funcione. Já pararam para pensar no imenso absurdo que são as guerras e os massacres por motivos ridículos, século atrás de século? Claramente, a nossa classificação como *Homo sapiens* constitui um forte exagero. Como funciona o *Homo* realmente existente?

O PRIMATA DENTRO DE NÓS

Não há como não considerar barbárie, nesta era de grande riqueza planetária, deixarmos morrer cerca de 6 milhões de crianças, todos os anos, por falta de acesso à comida ou à água limpa: sabemos onde essas crianças estão, temos os recursos e o conhecimento de que custa muito menos remediar a situação do que arcar com as consequências; no entanto, pouco ou nada fazemos. A comoção mundial com o resgate de 12 crianças de uma caverna na Tailândia mostra que podemos nos sentir solidários, mas é impossível não pensar que, diariamente, morrem 15 mil crianças por falta de alimento, um problema cuja solução não custaria quase nada e permitiria que se tornassem pessoas produtivas. É o espetáculo que comove? Como podemos manter 850 milhões de desnutridos, cifra que voltou a crescer, quando não só produzimos alimentos em excesso mas também os desperdiçamos de maneira absurda? Como podemos assistir impotentes às famílias que se afogam no Mediterrâneo, à destruição ambiental, às fraudes generalizadas praticadas por corporações ou governos equipados com as mais avançadas tecnologias, manejadas por pessoas com formação superior e ampla cultura geral? Podemos nos dotar de fantásticos avanços tecnológicos para alcançar os nossos fins, mas os próprios fins estão profundamente enraizados nas águas turvas dos nossos instintos, preconceitos, ódios, ainda que frequentemente aflorem surtos de emocionante generosidade.

É muito impressionante a sofisticação técnica do *software* elaborado pela Volkswagen para fraudar a verificação de emissões de partículas pelos seus veículos, programa desenvolvido por pessoas que sabiam perfeitamente que 7 milhões morrem anualmente por causas relacionadas à poluição, em particular, crianças e idosos. A fraude foi montada em paralelo com grandes campanhas publicitárias incitando as pessoas a preferir esses carros por serem ambientalmente mais limpos. Que tipo de gente trambica informações sobre remédios ou agrotóxicos, mas dorme em paz com a sua família? A mídia comercial, sem dúvida, nos faz de palhaços, mas o que impressiona mesmo é a nossa facilidade de acreditar em argumentos completamente idiotas, quando, por outro lado, somos capazes de tantas proezas criativas. Quando Jessé Souza fala da imbecilidade das nossas elites, não se refere à sua falta de inteligência, e sim à imbecilidade de como a usam. E, francamente, a facilidade com a qual absorvemos como verdade os contos de fadas mais absurdos que nos empurram é impressionante.

Parece que andamos esquecidos das nossas origens. Somos essencialmente primatas. Primatas inteligentes, sem dúvida, mas uma coisa é constatar a inteligência, outra é avaliar como a utilizamos. E aí vamos para a profundidade das emoções, dos instintos, das nossas raízes primitivas. Não necessariamente para o mal, obviamente, tanto que temos poderosos instintos que nos levam a colaborar, a manter relações amorosas, a defender a justiça. Mas *também* para o mal, e aí estão as guerras, a mesquinhez, a violência absurda, a destruição do meio ambiente e as fraudes generalizadas. Como o *Homo sapiens* pôde cair tão baixo?

A questão é que não somos divididos entre pessoas boas e pessoas más; todos nós contamos com amplos potenciais para o bem e para o mal. Curiosamente, analisar os primatas nos fornece um espelho perturbador do nosso próprio comportamento. Nascido em 1948 na Holanda, Frans de Waal se tornou um dos pesquisadores mais respeitados na análise do comportamento dos primatas e de seu forte viés ético. Depois de muitos livros sobre primatas, ele escreveu um sobre "o primata dentro de nós", traçando um paralelo muito interessante, por vezes divertido e por vezes deprimente, entre nós e os outros primatas. A verdade é que um grupo se separou dos símios há milhões de anos, gerando um caminho evolutivo independente que permitiu o aparecimento do gorila, do orangotango, do chimpanzé, do bonobo e, naturalmente, de quem aqui escreve e de você que me lê. E esse grupo compartilha alguns comportamentos comuns.

Um exemplo interessante é a existência do bode expiatório nas comunidades de chimpanzés. Pode haver uma briga entre os mais poderosos na hierarquia do grupo, mas quem perde ou é humilhado lá em cima vai rapidamente buscar um coitado mais fraco ou mais jovem e tirar a desforra. Mesmo que não tenha nada com a história, alguém tem de pagar o pato. O paralelo apresentado por De Waal é ótimo. À Fiesp se recomenda a leitura.

Para o homem moderno, buscar um bode expiatório se refere a demonização, vilificação, acusação e persecução inapropriadas. O exemplo mais horrível da humanidade foi o Holocausto, mas liberar o ódio às custas de outros cobre um leque muito mais amplo de comportamentos, inclusive a caça às bruxas na Idade Média, o vandalismo de torcidas derrotadas e o abuso por parte de esposos depois de conflitos no trabalho. E a base desse comportamento – a inocência da vítima e uma liberação violenta de tensões – é impressionantemente semelhante entre humanos e outros animais [...]. Costumamos vestir esse processo com simbolismo e encontramos vítimas com base na cor da pele, na religião ou no sotaque estrangeiro. E também tomamos muito cuidado para nunca admitir a vergonha [shame] que a penalização de bodes expiatórios na realidade constitui. Nesse particular, somos mais sofisticados que outros animais[60].

Soa familiar? *Homo sapiens*... Não importava, escreve De Waal, que não houvesse nenhuma prova de ligação com os atentados em Nova York: o bombardeio de Bagdá representou um grande relaxamento de tensões para o povo estadunidense, recebido por uma mídia entusiasta e bandeiras nas ruas.

Imediatamente após essa catarse, no entanto, dúvidas começaram a surgir. Dezoito meses depois, pesquisas indicaram que a maioria dos estadunidenses consideravam a guerra um erro [...]. É depri-

---

[60] Frans de Waal, Our Inner Ape: a Leading Primatologist Explains Why We Are Who We Are, New York: Riverhead Books, 2005, p. 169.

mente constatar que compartilhamos essa tendência – que gera tantas vítimas inocentes – com ratos, macacos e primatas. É uma tática profundamente arraigada de manter o controle sobre o estresse às custas da decência [fairness] e da justiça[61].

Mas os primatas também devem seu sucesso e sua sobrevivência a um conjunto de práticas colaborativas, assim como a impressionantes demonstrações de solidariedade e compaixão, e o autor dá vários exemplos; inclusive é possível encontrar vídeos muito divulgados de primatas salvando crianças, compartilhamento de comida, organização solidária entre mães para a proteção dos filhos etc. A organização social, a formação de grupos solidários ou rivais, o sentimento de indignação diante de injustiças – animais que se recusam a aceitar comida se outros membros do grupo não a recebem igualmente, por exemplo – mostram que os polos do bem e do mal estão profundamente enraizados nos nossos genes. De Waal inclusive critica fortemente a deformação do darwinismo, que permite justificar tantos comportamentos "desumanos"(!) sob a justificativa de que isso é a natureza, a sobrevivência do mais apto.

O próprio Darwin nunca foi um "darwinista social". Pelo contrário, acreditava que havia espaço para o bem [kindness] tanto na natureza humana como no mundo natural. Precisamos urgentemente dessa compaixão, porque a questão com a qual se defronta a crescente população mundial não é tanto se conseguiremos ou não manejar o aperto [crowding], mas se seremos decentes e justos na distribuição dos recursos. Pegaremos o rumo do vale-tudo competitivo ou tomaremos um caminho humano? *Nossos primos próximos podem nos dar algumas lições importantes. Mostram-nos que a compaixão não é uma fraqueza recente que vai contra a natureza, mas um poder formidável que*

---

[61] Ibidem, p. 171.

faz parte tanto de quem e do que somos quanto das tendências competitivas que buscamos ultrapassar[62].

Uma distinção importante de Waal é entre princípios morais e normas culturais.

Por exemplo, um dos meus primeiros choques culturais quando me mudei para os Estados Unidos foi ouvir que uma mulher havia sido presa por amamentar num shopping. *Impressionou-me que isso pudesse ser visto como ofensivo. O jornal local descreveu a sua prisão em termos morais, como se tivesse a ver com decência em público. Mas, já que um comportamento materno natural não pode fazer mal a ninguém, tratou-se apenas da violação de uma norma. Por volta de dois anos de idade, crianças sabem distinguir entre um princípio moral ("não roube") e normas culturais ("nada de pijamas na escola"). Elas passam a entender que quebrar algumas regras faz mal aos outros, mas quebrar outras regras apenas viola expectativas. Esse segundo tipo de regras é culturalmente diferenciado. Na Europa, ninguém pestaneja diante de seios nus, que podem ser vistos em qualquer praia, mas, se eu dissesse que tenho uma arma de fogo em casa, as pessoas ficariam muito perturbadas e se perguntariam o que está acontecendo comigo. Uma cultura teme mais armas de fogo do que seios, enquanto outra teme mais seios do que armas de fogo. As convenções são frequentemente cercadas de solene linguagem de moralidade, mas na realidade têm pouco a ver com ela*[63].

A divisão entre "nós" e "os outros" pesa imensamente no comportamento moral. Podemos encontrar muita solidariedade e até sacrifícios entre membros de uma comunidade de primatas, e comportamentos "animais"(!) da mesma intensidade nos confrontos com outras comunidades. É conhecida a reflexão de que o ser

---
[62] Ibidem, p. 176.
[63] Ibidem, p. 202.

humano só encontraria a solidariedade entre todos se o planeta fosse invadido por extraterrestres. De Waal mostra a que ponto a moralidade e a solidariedade têm raízes profundas no terror e no ódio do "outro". Uma reflexão que nos ajuda a entender a nossa complexidade e a coexistência de sentimentos contraditórios. O bem e o mal, o racional e o irracional, aparecem como profundamente articulados.

No desenvolvimento dos direitos humanos – que devem ser aplicados até aos nossos inimigos, como pretende a Convenção de Genebra – ou ao debatermos a ética do uso de animais, aplicamos um sistema que evoluiu a partir de razões de "dentro do grupo" para outros grupos, inclusive outras espécies. As nossas melhores esperanças de sucesso estão baseadas nas emoções morais, pois a emoções são desobedientes. Em princípio, a empatia pode reverter qualquer regra sobre como tratar os outros. Quando Oskar Schindler salvava judeus dos campos de concentração durante a Segunda Guerra Mundial, por exemplo, estava sob claras ordens da sua sociedade sobre como tratar essa gente, e no entanto os seus sentimentos interferiram [...]. Ao resolver dilemas morais, nós nos apoiamos mais no que sentimos do que no que pensamos[64].

Não se trata, portanto, apenas de sermos mais racionais, mas de usarmos a razão para uma sociedade mais humana. No conjunto, lendo De Waal, esse vaivém entre o comportamento humano e o de outros primatas, em particular dos bonobos, que preferem fazer amor do que guerra, é imensamente instrutivo. Temos sempre essa forte tendência para encobrir o que há de mais podre no nosso comportamento, por meio de discursos moralizantes; inclusive, como vimos, apelando erradamente para Darwin. Mas o fato é que as raízes dos comportamentos estão profundamente ligadas às nossas emoções, e aqui o paralelo com o comportamen-

---

[64] Ibidem, p. 224.

to dos primatas é muito rico. Poder soltar as nossas piores dimensões em nome de elevadas motivações éticas gera uma satisfação profunda. Sabemos fazer o bem, sabemos sentir como é gratificante, mas é tão mais fácil navegar no ódio!

MOTIVAÇÕES E JUSTIFICAÇÕES

Para entender a nossa realidade, precisamos racionalmente dimensionar o peso da irracionalidade e compreender como é possível encobrir, com justificativas racionais, comportamentos frequentemente absurdos. A barbárie sempre encontra "boas razões". Nas palavras de Jonathan Haidt, "mentimos, trapaceamos e justificamos tão bem que passamos a acreditar honestamente que somos honestos"[65]. Não posso deixar de lembrar, durante a fase que desembocaria no golpe de 2016, das pessoas envolvidas na bandeira brasileira manifestando-se em frente à Federação das Indústrias do Estado de São Paulo (Fiesp) na avenida Paulista. Não é falta de inteligência. Mas é muita ignorância, e uma imensa capacidade de se autoenganar.

É difícil traduzir a expressão inglesa *"self-righteousness"*. Significa a profunda convicção de uma pessoa de que domina os outros da altura de sua elevada postura ética. Em geral, isso leva a comportamentos estreitamente moralistas e intolerantes. E frequentemente vemos atos violentos justificados com fins altamente morais. Não há barbárie que não se proteja com argumentos de elevada nobreza. Eles permitem soltar as rédeas do ódio, daquela sensação agradável de odiar com boas razões. A Marcha da Família com Deus pela Liberdade representou um marco histórico da hipocrisia na defesa de privilégios. Vieram mais marchas e manifestações, a hipocrisia tem pernas longas. As invasões de países se dão em geral para proteger as populações indefesas; as ditaduras, para salvar a

---

[65] *Jonathan Haidt*, The Righteous Mind: Why Good People Are Divided by Politics and Religion, *New York: Pantheon Books, 2012, p. 82.*

democracia; os ataques a diferentes orientações sexuais se sustentam no sentimento de superioridade de quem acha que usa os côncavos e convexos como se deve, ou como os deuses mandam.

Haidt, no seu livro *The Righteous Mind* – título que traduziremos aqui por "A mente moralizante", para distinguir da pessoa meramente "moral" –, parte de um problema relativamente simples: como é que a sociedade estadunidense se divide, de maneira razoavelmente equilibrada, em democratas e republicanos, cada um acreditando piamente ocupar a esfera superior na batalha ética e considerando o adversário hipócrita, mentiroso, enfim, desprovido de qualquer sentimento de moralidade? O imoral é o outro. E, no entanto, de cada lado há pessoas inteligentes, sensíveis, por vezes brilhantes – mas profundamente divididas. Em nome da ética, o ódio impera.

O tema, evidentemente, não é novo. Um dos livros de maior influência, até hoje, nos Estados Unidos é *An American Dilemma* [Um dilema estadunidense], de Gunnar Myrdal, dos anos 1940, que lhe valeu o Prêmio Nobel. É uma das análises mais finas não dos Estados Unidos, mas do bom estadunidense médio, de como cabem na mesma cabeça a atitude compenetrada no serviço religioso da sua cidade, a profunda convicção da importância da liberdade e dos direitos humanos e práticas como a perseguição aos negros. O livro é muito inteligente e correto. Myrdal adverte que desautoriza qualquer uso da sua análise para um antiamericanismo barato. O objetivo dele não é defender nem atacar, é entender. Mas conclui que "o problema negro", nos Estados Unidos, "é um problema dos brancos". A análise, naturalmente, poderia ser estendida para muito além da mente estadunidense.

O campo de trabalho de Haidt é a disciplina chamada psicologia moral, *moral psychology*. Estuda justamente como se articulam, em termos psicológicos, as construções dos nossos valores, em particular os valores que podemos qualificar de políticos. Com que base real passamos a achar que o que fazemos é moralmente certo ou correto? Através de quais mecanismos o que era razão se transforma em mera racionalização de emoções subjacentes?

Existem as leis, naturalmente, mas elas definem o que é legal e, frequentemente, foram elaboradas por quem as manipula, tornando legal o que é moralmente indefensável. Os paraísos fiscais permitem às corporações pagar poucos impostos, o que não é viável para a pequena empresa. Não é ilegal estabelecer a sua sede em um paraíso fiscal, evitando pagar impostos no país onde a empresa funciona, enquanto seus empregados pagam os impostos normalmente, inclusive porque estes são deduzidos na folha de pagamento? Basta ser legal para ser ético? Snowden, ao revelar a amplitude da invasão da privacidade e o uso abusivo das tecnologias de rastreamento da NSA, cometeu um ato ilegal do ponto de vista da justiça estadunidense (ainda que com controvérsias), mas o fez, com risco pessoal, por razões éticas. Os que lutavam contra a escravidão eram presos e condenados. Nelson Mandela pagou 27 anos da sua vida por combater um regime legal, mas medieval. Os republicanos qualificam Snowden de traidor, como a máfia considera traidor quem não se solidariza com o grupo, ainda que seja para não cometer crimes. A ética pode ser muito elástica.

Há um referencial confiável, um valor absoluto? Émile Durkheim escreveu que "é moral, pode-se dizer, tudo o que é fonte de solidariedade, tudo o que força o homem a contar com outrem, a reger seus movimentos com base em outra coisa que não os impulsos do seu egoísmo"[66]. Em seu estudo, Haidt busca "os mecanismos que contribuem para suprimir ou regular o autointeresse e tornam as sociedades cooperativas"[67]. Paulo Freire, que era um homem simples, mas não simplório, resumia a questão dizendo que queria "uma sociedade menos malvada". Com quais mecanismos psicológicos grupos sociais conseguem justificar em termos éticos o que claramente traz danos aos outros e vantagens para eles? Haidt chama isso de "raciocínio motivado" (*motivated reasoning*)[68].

---

[66] *Émile Durkheim*, Da divisão do trabalho social, trad. *Eduardo Brandão*, São Paulo: Martins Fontes, *1999*, p. *420*.
[67] *Jonathan Haidt*, The Righteous Mind, op. cit., p. *270*.
[68] Ibidem, p. *159*.

Haidt entra no coração das racionalizações. Sua visão é a de que buscamos mais parecer bons do que ser bons.

> *Mentimos, trapaceamos e dobramos regras éticas frequentemente quando achamos que podemos sair impunes, e então usamos o nosso raciocínio moral para gerir a nossa reputação e nos justificar para os outros. Acreditamos no nosso raciocínio a posteriori tão profundamente que terminamos moralisticamente [self-righteously] convencidos da nossa própria virtude. [...] Somos tão bons nisto, que conseguimos enganar até a nós mesmos*[69].

Para Haidt, o raciocínio serve essencialmente para justificar o que já foi decidido por outros mecanismos intuitivos. "É o primeiro princípio: as intuições chegam em primeiro lugar, o raciocínio estratégico, em segundo."[70] O que resulta é um raciocínio de confirmação, não de análise e compreensão: "Que chance existe de que as pessoas pensem de mente aberta, de forma exploratória, quando o autointeresse, a identidade social e fortes emoções as fazem querer ou até necessitar chegar a uma conclusão preordenada?"[71].

Uma das maiores contribuições de Haidt é nos permitir entender um pouco melhor nosso poço de ódios e de identificações políticas, ao detalhar, baseado em pesquisas, a diversidade das motivações humanas. Ele trabalha com uma "matriz moral" de seis eixos que se encontram por trás das nossas atitudes de solidariedade ou de indignação, de aprovação ou de ódio.

O primeiro é o "cuidar" (care), que nos leva a evitar causar danos aos outros e nos faz querer reduzir sofrimentos. Está dentro de todos nós. Ao ver um cachorrinho ser maltratado, ficamos indignados, ainda que não gostemos de cachorros. É um motor poderoso, que exige, inclusive, que as pessoas que massacram ou torturam outras pessoas precisem "desumanizar" a vítima, trans-

---

[69] Ibidem, pp. 190, xv.
[70] Ibidem, p. 14.
[71] Ibidem, p. 81.

formá-la em objeto fictício: é um terrorista, um comunista, um marginal, um *gay*, uma puta, qualquer coisa que a rebaixe do *status* de pessoa, permitindo o tratamento desumano. O garotão de classe média que ateia fogo ao mendigo se sente, inclusive, mais "pessoa". Está "acima". O mendigo não é pessoa, é mendigo. "Vai trabalhar, vagabundo."

A liberdade (*liberty*) constitui outro vetor de valores, com o correspondente repúdio à opressão. Naturalmente, para muitos, liberdade significa liberdade de oprimir; para isso também é preciso reduzir a dimensão humana do oprimido. Os doutores do direito canônico resolveram o dilema de defender "a liberdade de se ter e de caçar escravos" dizendo que "o negro não tem alma". Todo valor precisa criar suas hipocrisias para ser violentado. Foi em nome da liberdade que, nos Estados Unidos e aqui no Brasil, repelimos a limitação das armas de fogo pessoais, ainda que se saiba que seus donos são as primeiras vítimas. No entanto, reconhecemos, sim, a aspiração à liberdade como um valor fundamental, que orienta as nossas opções éticas.

Um terceiro vetor de valores está no que consideramos tratamento justo ou não desigual. Em inglês, o conceito utilizado, *fairness*, fica mais claro. Milhões de brasileiros ficam indignados, a cada fim de semana, quando o árbitro dá um cartão amarelo a um time por uma falta, mas não dá o mesmo cartão ao outro time por falta semelhante. Se o cartão foi merecido ou não é secundário, o que gera indignação é o tratamento desigual. Critério ético perfeitamente válido; e têm razão milhões de pessoas que veem como escandaloso o tratamento desigual dado pela justiça, que ostenta no seu símbolo a balança, a imparcialidade. O sentimento é muito enraizado.

Um quarto vetor é o da lealdade (*loyalty*), que nos faz buscar adotar os valores do nosso grupo, considerando traidor quem não os adota. Muito presente nas Forças Armadas, o *esprit de corps* faz com que os militares jurem, com toda a tranquilidade, que seus colegas não torturaram ou não estupraram, porque eles se sentem leais aos companheiros. Essa lealdade supera, inclusive, a consideração ética sobre o crime cometido, gerando um agradável sentimento de pertencimento heroico ao grupo. Um filme famoso com Al Pacino, *Perfume de mulher*, é centrado neste tema: um jovem universitário que testemunhou uma pequena bandidagem dos seus colegas recusa-se a denunciá-los, ainda que isso possa prejudicar o seu futuro universitário. O sofrimento dele permeia todo o filme justamente porque é um rapaz profundamente ético.

Um quinto conjunto de valores está centrado na autoridade (*authority*), que nos faz considerar ético o que os líderes decidem e chamar de subversivos os que se rebelam. Essa identificação *a priori* com a autoridade é profundamente escorregadia, em particular porque nos permite fazer qualquer coisa com a justificativa de que estávamos cumprindo ordens. Aqui, o maravilhoso livro de Hannah Arendt, *Eichmann em Jerusalém: um relato sobre a banalidade do mal*, ajuda muito, pois nos permite entender que não se trata apenas de criminalizar quem se esconde atrás do argumento de autoridade, e sim de aprofundar o conhecimento sobre como funciona a banalização do mal e sobre o tipo de ódio que muitos têm contra quem os priva do que consideram ódio legítimo[72]. Voltaremos a isso mais adiante. Mas vá dizer a pessoas de direita que o julgamento do Supremo Tribunal Federal (STF) foi preconceituoso: ficam apopléticas, estamos privando-as do gosto do seu ódio, ainda que seja impossível ver as distorções: mas vê-las exige o uso da razão, a capacidade de contestação objetiva. Há uma experiência muito famosa que foi feita com estudantes universitários, a quem funcionários vestindo jalecos, como se fossem médicos, chamaram para dar choques elétricos em pessoas desconhecidas, com o argumento de que se tratava de uma experiência científica. A maioria dos estudantes não se fez de rogada.

O último vetor de justificativas éticas levantado por Haidt é o da santidade (*sanctity*), ligada a valores sagrados como tradições

---

[72] Veja a respeito o meu texto sobre o filme Hannah Arendt, dirigido por Margarethe von Trotta (2012), sobre a banalização do mal, em: < http://dowbor.org/2013/08/hannah-arendt-alem-do-filme-agosto-2013-3p.html/>.

ou razões religiosas, que nos fazem condenar ao fogo do inferno quem acredita em outras visões de mundo[73]. Aqui temos um prato cheio. Um exemplo clássico é o *Malleus Maleficarum*, famoso manual de instruções da Inquisição, que ensinava, por exemplo, que as mulheres suspeitas de bruxaria ou de estarem possuídas deviam ser torturadas nuas, pois isso as fragilizaria, e de costas, pois as expressões de dor e de desespero causadas pela tortura, obra naturalmente do próprio demônio, podiam ser fortes a ponto de amolecer o inquisidor. Tudo em nome de Jesus, da caridade, do amor ao próximo. A mutilação genital feminina, termo que inclui os diversos tipos de lesão ou remoção (sem anestesia), parcial ou total, dos órgãos sexuais externos, como o clitóris e os grandes e pequenos lábios, atinge milhões de meninas e jovens mulheres. O que se fez, e ainda se faz, em nome de Deus ou das tradições é impressionante. Estamos no século XXI.

Ao comparar, em inúmeras entrevistas, visões de pessoas de todos os pontos do espectro político, da esquerda até os mais conservadores, Haidt constata que há uma graduação muito clara relativa a quais elementos da matriz se dá mais importância. A esquerda dá muito mais importância aos três primeiros eixos: não causar dano, não machucar, reduzir o sofrimento e assegurar o cuidado; lutar contra a opressão e pela liberdade; garantir que as regras do jogo sejam limpas, com igualdade de tratamento, a chamada justiça social. Inversamente, a direita dá mais valor aos últimos eixos, concentrando sua visão na lealdade de grupo (veja-se a Ku Klux Klan, por exemplo); na autoridade e na correspondente obediência; e no respeito a valores considerados sagrados, em boa parte no sentido religioso, em que o sagrado mistura o político e o religioso, como no *Gott mit Uns* [Deus conosco], adotado pelos nazistas, acompanhado do símbolo da suástica. O fato de milhões terem virado fanáticos na Alemanha, um país cujo nível educacional ou cultural não poderia ser considerado baixo, é sig-

---

[73] Jonathan Haidt, The Righteous Mind, op. cit., p. 297.

nificativo. Não se trata do nível de educação, e sim de instituições, de cultura política. A barbárie não depende de diplomas.

A conclusão interessante de Haidt, um confesso *liberal*, no sentido estadunidense, que corresponde ao que seria um progressista entre nós, é que a direita usa argumentos e sentimentos que calam fundo nas pessoas, pois mais fortemente ancorados nas emoções, nos sentimentos de grupo, coesão, bandeira, religiosidade, autoridade e obediência. É o que em inglês se chama *gut feeling*, as tripas. Eu digo que são reflexões que migram para o fígado. São mensagens que ecoam mais fortemente no emocional do que no raciocínio; em particular, são as narrativas que nos permitem dar uma aparência de legitimidade ética ao ódio. A direita estadunidense, por exemplo, sempre evocou um demônio – externo, naturalmente – para justificar tudo e qualquer coisa: Muammar Khadafi, Saddam Hussein, Osama bin Laden, Fidel Castro; e, hoje, o terrorismo em geral. No Brasil, temos o ótimo exemplo da revista *Veja*, que vive de agitar o ódio contra demônios que explicariam todos os males. Não resolve nada, mas funciona. As perseguições a Dilma, a absurda prisão de Lula, o ódio contra o petismo são comportamentos que não necessitam reflexão. São ódios à procura de uma justificativa para se manifestar.

Explicar o drama dos que passam fome (eixo *care*) e as estatísticas de mortalidade infantil apela muito mais para o raciocínio e não tem o mesmo efeito mobilizador do que argumentos que atingem o fundo emocional, por exemplo, de que os imigrantes vão roubar o seu emprego. Apelar para o emocional dá à direita vantagens de um discurso simplificado, que pega mais no fígado do que na razão, como a bandeira dos *marajás*, de Fernando Collor, ou a *vassourinha*, de Jânio Quadros. O ódio à corrupção é uma arma tradicional de mobilização das massas, com a óbvia vantagem de que parece naturalmente legítimo. O problema é que combater a corrupção, o que se faz racionalmente por meio da transparência que as tecnologias hoje permitem, é muito diferente de usar o combate à corrupção para fins políticos, canalizando o ódio em vez de mudar os procedimentos.

Haidt busca um mundo mais equilibrado. Não desaparecerão as motivações mais valorizadas na direita. O essencial do livro é que nos permite compreender melhor as raízes emocionais da razão, a facilidade com a qual se constroem pseudorrazões e fanatismos. Ajuda-nos, por exemplo, a entender como se constrói uma campanha contra a presença de médicos cubanos em regiões aonde os nossos médicos não querem ir, um projeto inatacável do ponto de vista humanista. Inúmeras razões são apresentadas, mal encobrindo um ódio ideológico que é a verdadeira razão. O ódio, como fenômeno de massas, é contagioso. Explicar racionalmente um projeto é muito menos contagiante.

Haidt se preocupa, em particular, com o poder que simplesmente não tem contas morais a prestar: o universo das grandes corporações.

Se o passado serve para nos iluminar, as corporações crescerão para se tornarem cada vez mais poderosas com a sua evolução, e elas mudam os sistemas legais e políticos nos países onde se instalam, para gerar um ambiente mais favorável. A única força que resta na Terra para enfrentar as maiores corporações são os governos nacionais, alguns dos quais ainda mantêm o poder de cobrar impostos, regular e dividir as corporações em segmentos menores quando se tornam demasiado poderosas[74].

Vem-nos à lembrança a frase de Milton Friedman, da escola de Chicago, de que as empresas, como as paredes, não têm sentimentos morais. Ou a visão proclamada em Wall Street: *"greed is good"*, a ganância é boa. Parece que uma parte do universo escapa a qualquer ética. O filme *O lobo de Wall Street* vem naturalmente à memória. O personagem real da história deu entrevistas dizendo que o filme não exagerou em nada. Chega o denominador comum que assegura a absolvição por atacado: "todos fazem, não fizemos nada que toda Wall Street não faça".

[74] Ibidem, p. 297.

Aqui a dimensão é outra, pois se trata da diluição das responsabilidades nas pessoas jurídicas. Joseph Stiglitz, ex-economista-chefe do Banco Mundial, Nobel de Economia e insuspeito de esquerdismo, resumiu a questão em pronunciamento na ONU sobre direitos humanos e corporações:

> *Mas, infelizmente, a ação coletiva que é central nas corporações mina [undermines] a responsabilidade individual. Tem sido repetidamente notado como nenhum dos que estavam encarregados dos grandes bancos que trouxeram a economia mundial à borda da ruína foi responsabilizado [held accountable] pelos seus malfeitos [misdeeds]. Como pode ser que ninguém seja responsável? Especialmente quando houve malfeitos da magnitude dos que ocorreram nos anos recentes*[75]*?*

Quando somos uma massa, em que todos fazem o mesmo, o que pode ser o linchamento de um rapaz na favela, um estupro coletivo ou massacres numa guerra? Numa gigantesca corporação, onde tudo se dilui, a ética se torna tão diluída que desaparece.

Ninguém gosta de se achar pouco ético. E nossas defesas são fortes. Não posso deixar de citar o texto genial de John Stuart Mill, de 1861, sobre a sujeição das mulheres na Grã-Bretanha da época, quando eram reduzidas a palhacinhas decorativas e proibidas de qualquer participação adulta na sociedade e na construção do seu destino. Ao ver a dificuldade de penetrar na mente preconceituosa, Mill escreve:

> *Enquanto uma opinião estiver solidamente enraizada nos sentimentos [feelings], ela ganha mais do que perde estabilidade quando encontra um peso preponderante de argumentos contra si. Pois, se ela tivesse sido construída como resultado de uma argumenta-*

---

[75] Joseph E. Stiglitz, "Joseph E. Stiglitz's Adress to Panel on Defending Human Rights (revised)", in: UN Forum on Business and Human Rights, Geneva, 3 dez. 2013, disponível em: <https://www8.gsb.columbia.edu/faculty/jstiglitz/sites/jstiglitz/files/2013_UN_Biz_HR.pdf>, acesso em: 9 abr. 2020.

ção, a refutação do argumento poderia abalar a solidez da convicção; mas, quando repousa apenas em sentimentos, quanto pior ela se encontra em termos de argumentos, mais persuadidos ficam os seus defensores de que o que sentem deve ter uma fundamentação mais profunda, que os argumentos não atingem; e, enquanto o sentimento persistir, estará sempre trazendo novas barreiras de argumentação para consertar qualquer brecha feita às velhas[76].

O fígado é poderoso, e muitos o preferem ao cérebro. A política, em particular, navega nesses mares. A mensagem de Haidt não é de passar a mão na cabeça da esquerda ou da direita, e sim de sugerir que tentemos entender melhor como se geram os agrupamentos políticos, a identificação com determinadas bandeiras, os eventuais fanatismos e as formas primárias de divisão da sociedade entre "bons" e "maus". O maniqueísmo é perigoso. Quando vemos que os mesmos homens podem ser autores de atos abomináveis e heroicos, o que interessa mesmo é construir instituições que permitam que se valorizem as nossas dimensões mais positivas. Nas palavras de Haidt, criar "os contextos e sistemas sociais que permitam às pessoas pensar e agir bem"[77].

A BANALIDADE DO MAL

A crueldade desempenha aqui um papel particularmente importante. Como pode o homem se deixar bestializar com tanta facilidade? Seria muito fácil reduzir o problema a aberrações sociais, à existência de alguns doentes mentais, sem os quais a sociedade seria decente, "normal". Assim como é fácil reduzir o problema do nazismo ao personagem que o criou. Até quando vamos considerar como momentos de anormalidade as incessantes guerras que acompanham a história da humanidade, os massa-

---

[76] John Stuart Mill, The Subjection of Women, Mineola: Dover Publications, 1997, p. 1.
[77] Jonathan Haidt, The Righteous Mind, op. cit., p. 92.

cres, os estupros e a tortura que sempre caracterizaram as relações humanas e estão hoje generalizados? Com tecnologias cada vez mais sofisticadas, pois a nossa inteligência permite avanços prodigiosos, mas com a bestialidade de sempre. Trata-se de um tema central no pensamento de Hannah Arendt, a questão da natureza do mal. Arendt acompanhou, em Israel, como correspondente da revista *The New Yorker*, o julgamento de Adolf Eichmann, esperando ver o monstro nazista, a besta assassina. O que viu, e só ela viu dessa maneira, foi a banalidade do mal. Viu um burocrata preocupado em cumprir ordens, para quem as ordens substituíam a reflexão, qualquer pensamento que não fosse o de bem cumprir ordens. Pensamento técnico, descasado da ética, banalidade que tanto facilita a vida, a facilidade de cumprir ordens. Servilidade para com os de cima e brutalidade para com os de baixo, dois comportamentos casados num só comportamento. A análise do julgamento, publicada pela *The New Yorker*, causou escândalo, em particular entre a comunidade judaica, como se Arendt estivesse absolvendo o réu, desculpando a monstruosidade.

A banalidade do mal, no entanto, é central. O meu pai foi torturado durante a Segunda Guerra Mundial, no sul da França. Não era judeu. Aliás, de tanto se falar em judeus no Holocausto, tragédia cuja dimensão trágica ninguém vai negar, esquece-se que essa guerra vitimou 60 milhões de pessoas, entre as quais 6 milhões de judeus. A perseguição atingiu as esquerdas em geral, sindicalistas ou ativistas de qualquer nacionalidade, além de ciganos, homossexuais e tudo que cheirasse a algo diferente. A questão da tortura, da violência extrema contra outro ser humano, me marcou desde a infância, sem saber que eu mesmo viria a sofrê-la. Eram monstros os que torturaram o meu pai? Poderia até haver um torturador particularmente pervertido, tirando prazer do sofrimento, mas, no geral, eram homens como os outros, colocados em condições de violência generalizada, de banalização do sofrimento, dentro de um processo que abriu espaço para o pior que há em muitos de nós.

Por que é tão importante isso? Porque a monstruosidade não está na pessoa, ela está no sistema. Há sistemas que banalizam o mal latente em nós. Isso implica que as soluções realmente significativas, as que podem nos proteger do totalitarismo, do direito de um grupo a dispor da vida e do sofrimento dos outros, estão na construção de processos legais, de instituições e de uma cultura democrática que nos permitam viver em paz. O perigo e o mal maior não estão na existência de doentes mentais que gozam com o sofrimento de outros – por exemplo, *skinheads* que queimam um pobre dormindo na rua, gratuitamente, pela diversão –, mas na violência sistêmica exercida por pessoas banais.

Entre os que me interrogaram no Departamento de Ordem Política e Social (Dops) de São Paulo, encontrei um delegado que tinha estudado no Colégio Loyola, de Belo Horizonte, onde eu também estudara, nos anos 1950. Colégio de orientação jesuíta, onde nos ensinavam "amai-vos uns aos outros". Encontrei um homem normal, que me explicava que, arrancando mais informações, ele seria promovido, inclusive me falou sobre os graus de promoções possíveis na época. Aparentemente, ele queria progredir na vida. Um outro que conheci, violento ex-jagunço do Nordeste, claramente considerava a tortura uma coisa banal, algo com que seguramente conviveu nas fazendas desde a sua infância. Monstros? Eles praticaram coisas monstruosas, mas o monstruoso mesmo é a naturalidade com a qual a violência se pratica e a facilidade com que se organiza o apoio das instituições superiores.

Um torturador da Operação Bandeirantes (Oban) me passou uma grande pasta A-Z onde estavam cópias dos depoimentos dos meus companheiros que tinham sido torturados antes. O pedido foi simples: por não querer se dar a demasiado trabalho, ele pediu que eu visse os depoimentos dos outros e fizesse o meu confirmando as verdades, bobagens ou mentiras que estavam lá escritas. Explicou que eu escrever um depoimento repetindo tudo o que eles achavam saber deixaria satisfeitos os coronéis que ficavam lendo depoimentos no andar de cima (os coronéis evitavam sujar as mãos), pois eles veriam que tudo se confirmava, ainda que fossem histórias absurdas. Disse ainda que, se houvesse discrepâncias, eles teriam de chamar os presos que já estavam no presídio Tiradentes e voltar a interrogá-los, até que tudo batesse. Queria economizar trabalho. Não era alemão. Burocracia do sistema. Nos campos de concentração, era a IBM que fazia a gestão da triagem e a classificação dos presos, na época com máquinas de cartões perfurados. No documentário *A corporação*, de 2003 – dirigido por Mark Achbar e Jennifer Abbott, com roteiro de Joel Bakan –, a IBM esclarece que apenas prestava assistência técnica.

O mal não está nos torturadores, está nos homens de mãos limpas que geram um sistema que permite que homens banais façam coisas como a tortura, numa pirâmide que vai desde aquele que suja as mãos com sangue até um Donald Rumsfeld, que dirige uma nota ao exército estadunidense no Iraque exigindo que os interrogatórios sejam *harsher*, ou seja, mais violentos. Hannah Arendt não estava desculpando torturadores, estava apontando a dimensão real do problema, muito mais grave. A compreensão da dimensão sistêmica das deformações não tem nada a ver com passar a mão na cabeça dos criminosos que aceitaram fazer ou que ordenaram monstruosidades. Hannah Arendt aprovou plena e declaradamente o posterior enforcamento de Eichmann. Eu estou convencido de que os que ordenaram, organizaram, administraram e praticaram a tortura devem ser julgados e condenados. Mas o fato de eu detestar torturadores não justifica eu me tornar um ignorante. O combate que eu quero combater, o que dá resultados, é batalhar por um sistema em que torturar seja inviável.

O segundo argumento poderoso do filme vem das reações histéricas dos judeus pelo fato de Arendt não considerar Eichmann um monstro. Aqui, a questão é tão grave quanto a primeira. Ela estava privando as massas do imenso prazer compensador do ódio acumulado, da imensa catarse de ver o culpado enforcado. As pessoas tinham, e têm hoje, direito a esse ódio. Não se trata de deslegitimar a reação ao sofrimento imposto. O fato é que, ao tirar do algoz a característica de monstro, Arendt estava tirando o gosto do ódio, perturbando a dimensão de equilíbrio e de contrapeso que o ódio representa para quem sofreu. O sentimento é compreensível, mas perigoso. Inclusive, amplamente utilizado na política, com os piores resultados. O ódio, conforme os objetivos, pode representar um campo fértil para quem quer manipulá-lo. E haja candidatos.

Quando exilado na Argélia, durante a ditadura militar, eu conheci Ali Zamoum, um dos importantes combatentes pela independência do país. Torturado, condenado à morte pelos franceses, foi salvo pela independência. Amigos da segurança do novo regime localizaram um torturador seu numa fazendo do interior. Levaram Ali até a fazenda, onde encontrou um idiota banal, apavorado num canto. Que iria ele fazer? Torturar um torturador? Largou-o ali para ser trancado e julgado. Decepção geral. Perguntei-lhe um dia como eles enfrentavam os distúrbios mentais das vítimas de tortura. Na opinião dele, os que se equilibravam melhor eram aqueles que, depois da independência, continuavam na luta, já não contra os franceses, mas pela reconstrução do país, pois a continuidade da luta não apagava, mas dava sentido e razão ao que tinham sofrido.

Em *1984*, de Orwell, os funcionários são regularmente reunidos para uma sessão de ódio coletivo. Aparece na tela o rosto do homem a odiar, e todos se sentem fisicamente transportados e transtornados pela figura de Emmanuel Goldstein. Catarse geral. E odiar coletivamente pega. Estamos iludidos se não vemos o uso atual dos mesmos procedimentos em espetáculos midiáticos. Apelar para o animal dentro de nós funciona muito. Cobrir-se com uma bandeira até compensa, disfarça a animalidade.

O texto de Hannah Arendt apontando um mal pior, os sistemas que geram atividades monstruosas a partir de homens banais, simplesmente não foi entendido. Que homens cultos e inteligentes não consigam compreender o argumento é em si muito significativo e socialmente poderoso. Como diz Jonathan Haidt, para justificar atitudes irracionais, inventam-se argumentos racionais ou racionalizadores. No caso, Arendt seria contra os judeus, teria traído o seu povo, tinha namorado um professor que se tornou nazista. Os argumentos não faltavam, contanto que o ódio fosse preservado e, com ele, o sentimento agradável da sua legitimidade.

Esse ponto precisa ser reforçado. Em vez de detestar e combater o sistema, o que exige uma compreensão racional, é emocionalmente muito mais satisfatório equilibrar a fragilização emocional que resulta do sofrimento e concentrar toda a carga emocional no ódio personalizado. Nas reações histéricas e na deformação flagrante, por parte de gente inteligente, do que Arendt escreveu, encontramos a busca do equilíbrio emocional. "Não mexam no nosso ódio." Os grandes grupos econômicos que abriram caminho para Adolf Hitler, como a Krupp, ou as empresas que fizeram a automação da gestão dos campos de concentração, como a IBM, agradecem.

O filme é um espelho que nos obriga a ver o presente pelo prisma do passado. Os estadunidenses se sentem plenamente justificados em manter um amplo sistema de tortura – sempre fora do seu território, pois do contrário teriam certos incômodos jurídicos. Israel criou, através do Mossad, os centros mais sofisticados de tortura da atualidade, nos quais se pesquisam instrumentos eletrônicos que infligem uma dor que supera tudo o que se inventou até agora. Soldados estadunidenses que filmaram com seus celulares a tortura que praticavam em Abu Ghraib, no Iraque, eram jovens, moças e rapazes saudáveis, bem formados nas escolas, que até achavam divertido o que faziam. Nas entrevistas posteriores, a bem da verdade, numerosos foram os jovens que denunciaram a barbárie, e houve até aqueles que se recusaram a praticá-la. Mas foram minoria[78].

O terceiro argumento do filme, central na visão de Arendt, é a desumanização do objeto de violência. Torturar um semelhante choca os valores herdados ou aprendidos. Portanto, é essencial que não se trate mais de um semelhante: uma pessoa que pensa,

---

[78] Melhor do que qualquer comentário é ver o filme Fantasmas de Abu Ghraib, de 2007, dirigido por Rory Kennedy. Sobre a rede de esquadrões da morte e centros de tortura no Iraque, ver Mona Mahmood et al., "Revealed: Pentagon's Link to Iraqi Torture Centres", The Guardian, 6 mar. 2013, disponível em: <https://www.theguardian.com/world/2013/mar/06/pentagon-iraqi-torture-centres-link?INTCMP=SRCH>, acesso em: 19 abr. 2020.

chora, ama, sofre. É um "judeu", um "comunista", um "elemento", no jargão da polícia. Na visão da Ku Klux Klan, um "negro". No plano internacional de hoje, um "terrorista". Nos programas de televisão, um "marginal". Pessoas se divertem vendo as perseguições. São seres humanos? O essencial é que deixem de ser humanos, indivíduos, pessoas, e se tornem uma categoria. Sufocaram 111 presos nas celas? Ora, eram "marginais".

Um manuscrito abandonado de Sebastian Haffner, estudante de direito na Alemanha em 1930, foi resgatado mais recentemente por seu filho, que o publicou com o título *Defying Hitler: a Memoir* [Desafiando Hitler: memórias]. O livro mostra como um estudante de família simples vai aderindo ao Partido Nazista por influência dos amigos, da mídia, do contexto, repetindo com as massas as mensagens. Na resenha que fiz desse livro, em 2002, escrevi que o que deve assustar no totalitarismo, no fanatismo ideológico, não é o torturador doentio, mas como pessoas normais são puxadas para dentro de uma dinâmica social patológica, enxergando-a como um caminho normal. Na Alemanha daquela época, 50% dos médicos aderiram ao Partido Nazista. O problema não era Hitler, e sim a facilidade com a qual pessoas comuns ou até muito cultas lhe deram apoio e o seguiram, em vez de interná-lo. O próximo fanatismo político não usará bigode e bota nem gritará *"Heil"* como os *skinheads*. Usará terno e gravata e será multimídia. E, seguramente, procurará impor o totalitarismo, mas em nome da democracia, ou até dos direitos humanos. Conseguiremos, pessoas e comunidades realmente existentes, tais como somos, 7,5 bilhões de indivíduos de racionalidade duvidosa, resgatar o caminho do bem comum?

Há anos um aluno perguntou o que eu achava do ser humano, se era essa desgraça mesmo que vemos ou se havia esperança, se tinha sentido a visão de Rousseau do homem bom desviado por dinâmicas sociais. Vou na linha do grande jurista que foi Sobral Pinto: as instituições são fundamentais e o respeito à lei é que nos salva. Ou seja, temos de analisar em circunstâncias diferentes, em particular no quadro de instituições diversas, como os mesmos povos se comportaram como selvagens ou civilizados. Podemos contar com os países nórdicos que já foram *vikings*, os alemães que já foram nazistas, os belgas que já mataram milhões no Congo; e, ao mesmo tempo, com o imenso progresso que foi superar a escravidão, o feudalismo, o colonialismo. Não estou aqui falando de passado longínquo.

Batalhar o convívio civilizado se dá através da construção de sólidas regras do jogo. Elas têm de ser justas. Não podem privilegiar sistematicamente uma minoria, como o fazem as regras que hoje temos. E há um tempo para cada coisa. A luta dos americanos para se livrar da escravidão, a de tantos outros países para se livrar do colonialismo, a dos sul-americanos para se livrar das ditaduras foram não só legítimas como necessárias. As barbáries subsistem, o *apartheid* conviveu na África do Sul com o que há de mais moderno do ponto de vista tecnológico e sobrevive na Palestina nessa estranha mistura de modernidade técnica e de tragédia humana.

Em um estudo sobre a sociedade do conhecimento e os modos de produção, o presente desvio de raciocínio, para abordar as deformações coletivas humanas, faz para mim todo o sentido. A realidade é que teremos de mudar o mundo com o ser humano realmente existente. E esse ser humano é apenas parcialmente racional. E mais: os avanços tecnológicos são cumulativos, uma descoberta serve de estribo para outra. Mas o ser humano que hoje nasce vem com basicamente o mesmo DNA de Calígula ou de Galileu. A crueldade de que são capazes as crianças, o comportamento patético de tantos adolescentes ou patológico de tantos adultos mostram, a cada geração que nasce, como precisamos reconstruir uma herança cultural civilizatória, apontando para a facilidade com a qual podemos regredir para a barbárie. Nossos avanços civilizatórios são reais, mas extremamente frágeis. Sem a cultura democrática e as instituições correspondentes, assim como a luta permanente por sua implantação e defesa, o horizonte pode ser muito inseguro.

VI.
A PERDA DO CONTROLE: UMA SOCIEDADE EM BUSCA DOS NOVOS RUMOS

A realidade é que tudo se acelerou de maneira dramática. O tempo social funciona em ritmos diferentes para as tecnologias, que avançam de uma maneira que nos atropela; para a cultura, que evolui de maneira muito mais lenta; e para as leis, que mudam apenas quando as transformações acumuladas estão literalmente implodindo o arcabouço legal herdado. As peças se desajustam. O Senado estadunidense convoca um Mark Zuckerberg para entender o que está acontecendo. O criador do sistema responde que não tinha ideia das implicações e pede desculpas. Bilhões de pessoas atolam num sistema cujas dinâmicas mais amplas ninguém previu, entrando como cegas num jogo arriscado. Estamos sempre atrasados relativamente aos avanços das tecnologias, tentando encontrar *a posteriori* regras do jogo adequadas para uma realidade que sempre se adianta. O que fazer com a uberização, ou com a invasão eletrônica da privacidade, ou com a armadilha da dívida?

Diretamente ligada às transformações tecnológicas, que desorganizam a governança da sociedade pela disritmia na mudança das diversas instâncias sociais, está a questão da globalização, termo que usamos como abreviatura de uma dramática complexidade na reorganização da base territorial da governança. Que espaço de decisão tem um governo no plano nacional quando o sistema financeiro é global? Adultos bem formados dão pulos de alegria em Wall Street, gritando *"greed is good"*, e se mostram surpresos quando milhões de usuários de crédito perdem as suas casas e quando bancos como o Lehman Brothers fecham. A desproporção entre o volume de recursos que manejam e a sua ignorância dos impactos é impressionante. Filmes como *Trabalho Interno* (de 2010, dirigido por Charles Ferguson), *O capital* (de 2013, dirigido por Costa-Gavras), entre outros, mostram de maneira dramática ou divertida a irresponsabilidade e as dimensões caóticas do sistema. Para 850 milhões de pessoas que passam fome, para 6 milhões de crianças que dela morrem todo ano, não há nada de divertido neste caos irresponsável.

Temos tecnologias e sistemas produtivos do século XXI convivendo com cultura, instituições e leis feitas para o século passado. Temos governos nacionais para uma economia em grande parte globalizada. Em outros termos – dilema que teria interessado Karl Marx –, temos uma superestrutura criada para regular a sociedade burguesa da era industrial coabitando com uma base econômica que já migrou para esfera digital. As pessoas se dão conta de que é vital para a sobrevivência de um governo e da sua política econômica a opinião formalmente declarada de três empresas privadas de avaliação de risco, Fitch, Moody's e Standard & Poor's, dispensando-se a opinião da cidadania? A quem pertencem essas empresas, denunciadas pela *The Economist* como oligopólio irresponsável e que definem o destino dos nossos governos?

Os desajustes são sistêmicos. A erosão planetária de governança – basta contar os governos surrealistas, a começar pelo de Trump – tem impactos catastróficos. Só os alienados não percebem que estamos destruindo o planeta, a própria base da nossa sobrevivência, e que o fazemos para o proveito do já clássico 1% de mais ricos, que apresentam a particularidade de serem improdutivos, quando não danosos. No Brasil, depois de aprovarmos um mínimo de regras de bom senso na Constituição de 1988, passamos a enfrentar uma revolta por parte de uma oligarquia que considera que os seus já indecentes privilégios não estão suficientemente contemplados. Em vez de mexer nos privilégios, mexemos na Constituição. Também se diz que os interesses dos ricos não cabem nas urnas. Entre os interesses e a democracia, para a oligarquia dos mais ricos, não há hesitação, ainda que terminem também prejudicados quando a crise se generaliza, com conflitos e recessões. A racionalidade ocupa espaços limitados no nosso cérebro quando se trata de política.

Joseph Stiglitz hoje faz figura de subversivo quando escreve um tratado do óbvio, de que temos de mudar as regras do jogo: é forte o seu *Rewriting the Rules of the American Economy*, que já vimos aqui, em que clama por uma prosperidade compartilhada para que o sistema volte a funcionar; o Roosevelt Institute amplia a análise com *New Rules for the 21st Century*. O *Plano B 4.0*, de Lester R. Brown, escancara a tragédia ambiental que criamos no planeta, clamando por um plano B justamente porque o plano A com o qual vivemos, o vale-tudo chamado de "livre-mercado" ou de "neoliberalismo", é desastroso. Já não se contam as iniciativas como The Next System Project, nos Estados Unidos, New Economics Foundation, no Reino Unido, *Alternatives Économiques*, na França, e tantas outras pelo mundo. Propostas como as de Bernie Sanders, apelando para salários mais decentes e uma sociedade mais democrática, aparecem hoje como constituindo simples bom senso para tantas pessoas que entendem minimamente de política econômica. E os objetivos do desenvolvimento sustentável, os ODS, marcam claramente as reorientações que são indispensáveis ao nosso equilíbrio, mas com toda a fragilidade dos acordos baseados em muita boa vontade e poucos recursos.

É bem-vinda essa busca que hoje nos traz um manancial de novas análises. A verdade é que o que chamamos de mercado, no sentido tradicional, de muitas empresas buscando satisfazer os clientes, sujeitando-se a mecanismos de concorrência, tornou-se marginal. Assumiram os gigantes corporativos e os mecanismos de oligopólio que encontramos nas plataformas planetárias, nos *traders de commodities*, na grande mídia, nos bancos, nos fundos de pensão, nos planos de saúde, nos crediários, nas seguradoras, nas telecomunicações, na indústria farmacêutica, no mundo dos agrotóxicos e em tantos outros segmentos hoje financeirizados, que não são controlados nem pelo consumidor (concorrência de mercado) nem por governos (sistemas de regulação). Continuam a se chamar de "mercados", mas se trata claramente de um empréstimo de legitimidade, de um engodo. E os responsáveis se chamam de CEOs empresariais, quando fazem política de manhã à noite.

Muita tinta correu, muitas experiências se fizeram em torno do "livre-mercado" e do "planejamento estatal" como polos opostos de organização do desenvolvimento das sociedades. O que hoje temos não permite nem o mecanismo de equilíbrio da livre concorrência, confinada a poucos setores, nem a capacidade racionalizadora do planejamento econômico e social. O caminho, em termos amplos de governança do sistema, na minha convicção, exige a evolução para sistemas mistos e diversificados segundo os setores. Somos sociedades demasiado complexas para sermos administrados no quadro de uma ideologia simplificadora, de um lado ou de outro. Tratei dessa visão de articulação complexa de mecanismos de regulação em outro trabalho, *O pão nosso de cada dia*, sobre a diversificação dos processos produtivos. Marjorie Kelly, em *Owning our Future*, trata extensivamente das transformações do conceito de propriedade, apontando para novos rumos na linha da propriedade inclusiva. Elinor Ostrom e Charlotte Hess, em *Understanding Knowledge as a Commons*, nos trazem excelentes análises sobre as relações de propriedade na área dos bens comuns. A China hoje adota formalmente uma articulação de diversos subsistemas de propriedade.

Não há muita previsibilidade quanto ao futuro. A partir de um certo número de variáveis que se cruzam de maneira caótica, podemos sem dúvida batalhar por formas de governança que assegurem a redefinição sistêmica dos nossos rumos, e no quadro de um mínimo de liberdade individual, mas a resultante será distante de qualquer construção racional, muito menos previsível. Em outros termos, o futuro é inseguro. O que sabemos, sim, é que, de acordo com a tendência atual, com tragédias ambientais, desigualdade explosiva e os recursos financeiros e tecnológicos servindo para tudo menos para o que é necessário, estamos indo para o que foi tão bem qualificado de *slow-motion catastrophe*, catástrofe em câmara lenta.

Voltando à nossa hipótese inicial, com as novas relações técnicas e sociais, e as novas formas de poder e de apropriação do excedente, surgirá um novo equilíbrio sistêmico, um outro modo de produção? As novas formas de dominação já não caracterizarão necessariamente um modo de produção capitalista, e a alternativa não será necessariamente apenas o socialismo. Ao persistirem as tendências atuais, o sentimento que emerge é o de que estamos evoluindo rapidamente para uma sociedade de vigilância, em que as tragédias sociais e ambientais serão explicadas como necessárias por um poder crescentemente desequilibrado e, por isso mesmo, mais opressivo. Essa visão pessimista se refere ao que constatamos e em nada reduz a nossa necessidade de lutar por um desenvolvimento digno para todos, e sustentável no longo prazo, transformando as ameaças em oportunidades. Como gosta de dizer Ignacy Sachs, um pessimista é um otimista bem informado.

O socialismo democrático, no seu sentido de raiz, de apropriação social e democrática dos processos do nosso desenvolvimento, segue mais concreto do que nunca. Continuar a chamar o que vivemos de capitalismo pode ser escorregadio: para muitos, o capitalismo é responsável pelo enriquecimento mundial, representando um valor essencialmente positivo. Para outros, simboliza a exploração e a destruição ambiental. O sistema que hoje enfrentamos perdeu em grande parte a sua dimensão de enriquecimento das sociedades, agrava a exploração e gera um desastre ambiental. Tornou-se essencialmente um sistema parasitário, que precisa cada vez mais de truculência para se sustentar, na mesma medida em que se torna disfuncional.

É cada vez mais difícil negar que, depois de décadas em que acrescentamos ao animal que conhecíamos – o capitalismo industrial

– qualificativos como Terceira ou Quarta Revolução Industrial, capitalismo global, capitalismo financeiro e outros complementos segundo os novos formatos que o animal adquire, trata-se hoje de pensar de maneira sistêmica que outro animal é esse que está surgindo. A unidade econômica básica já não é a fábrica, é a plataforma; o produto é cada vez mais imaterial; as relações de trabalho são cada vez mais diversificadas e fragmentadas, com forte redução do trabalho assalariado; a forma de extração de mais-valia cada vez mais se centra em mecanismos financeiros de exploração; o livre-mercado como mecanismo regulador central do capitalismo está limitado a segmentos marginais; a propriedade dos meios de produção perdeu radicalmente a sua importância, são outras as formas de controle, em particular pelo sistema financeiro; o poder sobre as populações se exerce cada vez mais por meios de controle midiático, algoritmos e invasão da privacidade; o espaço dos governos, nas suas fronteiras nacionais, parece cada vez menos capaz de assegurar uma governança funcional; os sistemas jurídicos estão sendo apropriados, perdendo-se as próprias regras do jogo que nos davam uma certa segurança.

Por outro lado, os indivíduos estão munidos de conectividade planetária a partir do seu bolso; e, naturalmente, o principal fator de produção, o conhecimento, tem potencial ilimitado de acesso, argumento que já vimos várias vezes e que repito aqui pela centralidade na reestruturação da sociedade, já que muda radicalmente a base da análise econômica centrada na alocação de recursos escassos. Os próprios sistemas financeiros, na era da moeda virtual e da conectividade, abrem espaço para uma radical desintermediação. As tecnologias mais modernas, na linha do Bolsa Família e dos sistemas de microcrédito, permitem resolver de maneira radical o escândalo planetário dos nossos maiores atrasos, a fome e a mortalidade infantil, com custos que são ridículos se comparados ao desperdício de recursos e ao seu uso meramente especulativo. E podemos redistribuir o trabalho e reduzir a jornada, com mais gente trabalhando e mais gente tendo tempo para viver. Vivemos uma era de absurdas oportunidades desperdiçadas ou subutilizadas. E os processos decisórios podem, hoje, ser radicalmente democratizados, na linha das articulações horizontais em rede.

Uma pergunta essencial é qual o destino da chamada luta de classes. O mundo dos trabalhadores está fragmentado em setores e subsetores muito diversificados, dificultando as articulações. O operariado industrial é claramente minoritário, mesmo nos países fortemente industrializados, representando nos Estados Unidos cerca de 5% da população ativa. Com a fragmentação do mundo do trabalho, também se fragilizam os sindicatos e os partidos como instrumentos de ação política organizada. O que acontece com a "classe dominante", hoje, o 1% de ricos improdutivos? A sua improdutividade e o entrave que representam para o progresso são uma imensa fragilidade em relação ao burguês explorador do século passado, que pelo menos produzia sapatos, pagava salários (baixos, mas pagava) e impostos: esse podia dizer que mais dinheiro para a burguesia significaria mais investimentos e mais progresso. Hoje não mais. O capitalismo hoje existente não progride, trava. É sistemicamente distorcido. O autoritarismo, na falta de legitimidade, tornou-se essencial para manter um sistema cada vez menos funcional. A deterioração dos espaços democráticos pelo mundo afora encontra aqui boa parte da sua explicação.

Esse autoritarismo se apoia, em particular, no novo e poderoso quisto de poder que temos subestimado amplamente, a "tropa de choque" dos ultrarricos, os operadores da máquina econômica e social: os economistas, advogados, gestores, informáticos que ocupam o topo da hierarquia dos processos decisórios e que mantêm o sistema deformado de hoje. São os grandes burocratas que recebem salários e bônus milionários. Thomas Piketty os apresenta como desempenhando um papel central nos desequilíbrios de renda e de patrimônio. Mas o essencial é o poder que detêm em termos de orientação do uso dos nossos recursos nos gigantes corporativos. Controlam os postos-chave, alternam-se entre conselhos administrativos de corporações e funções públicas (a chamada porta giratória, *revolving door*) e, na era das novas tecnologias e da gestão por algoritmos, apropriam-se de um poder absolutamente impressionante. Não se espera flexibilidade dessa nova classe média superior nem que esses privilegiados hesitem na generalização de sistemas opressivos de controle social. Pensem no poder do jovem executivo da Serasa Experian que pode nos colocar na classe de "negativados" porque enfrentamos dificuldades financeiras, privando-nos de uma série de direitos, enquanto os bancos que praticam a agiotagem nem sequer têm uma instituição reguladora (ou é fictícia, como os bancos centrais ou o Banco de Compensações Internacionais).

Em geral, os nossos estudos têm se limitado a avaliar os níveis de renda e a definir, assim, uma classe média e uma classe média superior em função dos seus ganhos. Mais importante, no entanto, é entender a sua função nas engrenagens do poder, e a força articulada que essa tecnocracia representa, com postos-chave nas corporações, nos governos, no judiciário, na mídia, nos *think tanks* que elaboram "narrativas". Constituem hoje um sistema articulado em diversos tipos de organizações de classe e se articulam e se sentem unidos pela convergência de interesses. A luta de classes mudou de lugar, e a tecnocracia passou a desempenhar, nessa sociedade centrada no imaterial, um papel essencial, plenamente convergente com as grandes fortunas rentistas: são, também, grandes interessados nos rendimentos financeiros. A pequena burguesia cuja análise encontramos em Marx, proprietários de meios de produção em pequena escala, difere profundamente dessa poderosa máquina de poder que hoje representa a tecnocracia, no quadro de uma economia dominantemente centrada no controle da informação e dos fluxos financeiros, estes últimos igualmente constituídos por sinais magnéticos.

O mundo dominado por corporações planetárias já não é controlado pela concorrência de mercado que, de certa forma, equilibrava o jogo e muito menos pelo sistema político que deveria assegurar os contrapesos com a chamada regulação. Temos a truculência do privado sem os freios do público. Vigoroso, planetário, descontrolado, dotado de novas tecnologias que lhe permitem uma extração radicalmente ampliada do excedente social, e que lhe asseguram formas muito mais penetrantes de controle da consciência, o mundo corporativo flexiona os seus músculos e vai direto ao prato principal: a maximização dos lucros e do poder, agora. É alta tecnologia a serviço da apropriação no curto prazo, pouco importando o desastre econômico, social e ambiental.

Ao mundo anestesiado, oferecem-se o conto de fadas do merecimento e da eficiência e a narrativa de que são os ricos que dinamizam a economia. E, como a indignação exige culpados e direcionamento do ódio, os dramas serão apresentados como culpa do Estado, nada que não se resolva com menos impostos para as corporações e com mais privatizações. O irônico é que, hoje, essas administrações públicas culpabilizadas são precisamente controladas pelas corporações. Naturalmente, em última instância, há o porrete para os que não acreditam em contos.

O animal, claramente, já não é o mesmo. Caótico e desconjuntado na sua metamorfose, mas sem dúvida outro animal. Entre fascinados e temerosos, observamos o processo, cuja dinâmica em boa parte ainda nos escapa. A vantagem de se pensar em outro sistema, ou outro modo de produção, é que podemos pensar nas novas regras do jogo necessárias em vez de nos debatermos para fazer funcionar o mundo no arcabouço antigo, com estacas e suportes improvisados, ou de batalharmos pelos direitos adquiridos no sistema anterior. As superestruturas precisam ser repensadas frente às profundas transformações na base produtiva da sociedade. Podemos sonhar um pouco?

Por exemplo, nesta era da dominância do rentismo financeiro improdutivo e da acumulação de gigantescas fortunas especulativas, precisaremos tornar obrigatória a *"disclosure"*, a transparência das contas, e adaptar o sistema tributário visando reorientar os recursos para atividades produtivas. Acrescentando uma pequena taxa sobre as transações financeiras, geraríamos ao mesmo tempo os recursos para investimentos produtivos e a transparência dos fluxos. Tanto a taxa Tobin sobre transações como o imposto sobre o capital financeiro descrito por Piketty apontam caminhos. Estaríamos aqui deslocando o eixo da incidência tributária.

Nesta era em que o principal fator de produção é imaterial, passível de disseminação para todos sem custos adicionais, o conceito de propriedade privada dos meios de produção, esteio jurídico do capitalismo, precisa ser deslocado para a remuneração de quem cria, mas sem travar o acesso e a reprodução por terceiros. Amplos estudos mostram que os sistemas de patentes, *copyrights* e *royalties* travam a inovação mais do que a fomentam. Trata-se aqui de adequar a visão de propriedade à produtividade social. Os trabalhos de Lawrence Lessig, Jeremy Rifkin, Don Tapscott e tantos outros também apontam os caminhos.

Com a introdução acelerada de novas tecnologias que substituem a mão de obra, precisamos assegurar as regras de jogo correspondentes, um novo conceito de contrato social, combinando uma progressiva redução da jornada de trabalho e a redistribuição mais justa do direito ao emprego/trabalho, na linha das propostas de Guy Aznar e do que já está sendo aplicado em diversos países. Isso abrirá a possibilidade de uma distribuição mais justa tanto do trabalho como do acesso à renda, ao mesmo tempo que assegurará condições para uma nova geração de atividades ligadas ao uso discricionário do tempo livre, como em convívio familiar e comunitário, de cultura, esporte e semelhantes. Achar que o fato de termos mais tecnologias e, portanto, maior capacidade produtiva nos ameaça é uma bobagem: o que nos ameaça é o atraso em adequar as formas de organização do tempo e da remuneração. Viver melhor está ao alcance das nossas mãos.

Na situação explosiva mundial em termos de desigualdade, precisamos articular tanto uma renda básica universal como o acesso às políticas sociais como saúde, educação, segurança e semelhantes, de maneira a gerenciar as conturbações e inseguranças na presente transição entre a era fabril e a da sociedade do conhecimento. No Brasil, 40% da população ativa está no setor informal, "se virando" para sobreviver, cifra que atinge quase 50% na média latino-americana e até 70% na África. Esperar que as pessoas continuem aguardando o emprego não é realista. Pessoas desesperadas reagem com desespero. Trata-se de bom senso, de evitar as explosões sociais que se agravam. Em termos econômicos, a constatação simples é que o custo de se assegurar o básico para todos sai muito mais barato do que arcar com as consequências. Vamos construir mais muros nas fronteiras? O mundo tem hoje recursos amplamente suficientes para assegurar o mínimo para a sobrevivência digna para todos. A riqueza dos bilionários denota esperteza, mas não inteligência.

Na era em que a economia é em grande parte mundial, não podemos mais nos administrar, como sociedades, por meio de uma colcha de retalhos de constituições diferentes em 193 países-membros da ONU enquanto as grandes decisões pertencem a gigantes corporativos que não obedecem a constituição nenhuma. As regras básicas de relações internacionais precisam ser reconstituídas, pois somos o planeta Terra, não temos outro, e precisamos assegurar um mínimo de coerência global. No mundo globalizado, a ausência ou a fragilidade de regras globais, mal compensadas por iniciativas como a Agenda 2030, significam a nossa destruição em prazos que atingirão em cheio os nossos filhos. O impacto destrutivo das corporações globais se dá justamente nesse vazio de governança mundial. Até quando assistiremos passivamente à liquidação do nosso futuro? A burrice dos conselhos de administração das grandes corporações é que cada membro tem a ganhar com a maximização dos resultados a curto prazo, e os seus assessores técnicos, com os bônus correspondentes. Da soma dos egoísmos não surge o altruísmo, nem mesmo uma decisão responsável. Todos os grandes bancos contribuíram para a crise de 2008. Não entendem de finanças?

Em particular, considerando o abismo de desigualdade entre países ricos e países pobres, torna-se hoje premente assegurar um novo pacto Norte-Sul, na linha do *global new deal* proposto pela Unctad e sistematizado em diversos documentos, inclusive o tão prenunciador Relatório Brandt, *North-South: a Program for Survival*. Em vez de se protegerem com muros e cercas eletrificadas nas fronteiras para excluir os pobres, os ricos deste mundo devem aplicar o básico em termos de raciocínio econômico: as necessidades dos países mais pobres constituem um imenso horizonte de expansão de investimentos, de novos mercados e mão de obra subutilizada. Uma vez mais, a política de investimentos destinados aos países mais pobres não deve ser vista pelos mais ricos como um dreno de sua riqueza, e sim como uma oportunidade para que saiam da sua estagnação. A taxação sobre as transações financeiras e o imposto sobre o patrimônio financeiro poderão servir ao cofinanciamento de uma iniciativa desse porte. E, evidentemente, não haverá solução sem que se mobilizem os mais de 20 trilhões de dólares de recursos especulativos em paraísos fiscais. O Reino Unido deu tímidos primeiros passos ao exigir, nos territórios *offshore* de sua responsabilidade, que pelo menos se informe a quem pertencem os capitais. Estamos nesse nível de timidez.

O mundo avança rapidamente para uma urbanização generalizada. Isso abre um imenso espaço para a apropriação das políticas de desenvolvimento pelas próprias comunidades, cidade por cidade, pois cada uma sabe melhor do que um ministro o que é mais necessário e poderá acompanhar melhor a aplicação produtiva dos recursos. Na era em que os principais eixos estruturantes da economia já não são a indústria e a agricultura, mas saúde, esporte, educação, cultura, informação, lazer, segurança e semelhantes – as políticas sociais –, a sua apropriação pelas corporações, gerando custos excessivos e desigualdade de acesso, tem de ser substituída pelo acesso universal e gratuito, com gestão no nível onde vivem as pessoas, nas cidades, no quadro de políticas descentralizadas e participativas. Como vimos, isso reduz, e não aumenta, os custos. Não é com *vouchers à la* Ronald Reagan que se democratiza o acesso, e sim por meio de políticas locais de desenvolvimento, no quadro do empoderamento efetivo das comunidades. Os exemplos dos países nórdicos (ver *Viking Economics*, de George Lakey), da China (*China's Economy*, de Arthur Kroeber), da

Alemanha (ver o sistema de *Sparkassen*) e outras experiências que encontramos em *The Public Bank Solution*, de Ellen Brown, mostram o imenso potencial racionalizador de gestão que a descentralização do poder de decisão e dos recursos correspondentes permite.

Na era em que o essencial das nossas atividades está centrado no intangível, nos sinais magnéticos dos nossos computadores ou celulares, precisamos rever o conceito de privacidade existente nas constituições. Hoje, é ilegal abrir a correspondência privada de uma pessoa, mas a devassa completa das nossas mensagens, fotos ou curiosidades é generalizada e utilizada para eleger políticos surrealistas, buscar vantagens comerciais, quando não para *bullying* e perseguições dos mais diversos tipos. Nas novas regras do jogo, o direito à privacidade precisa desempenhar um papel central. Hoje, a nossa vida está escancarada, enquanto as atividades das pessoas jurídicas, das corporações, estão protegidas. As atividades empresariais precisam, pelo contrário, ser transparentes, pelo impacto social que geram e pelo próprio fato de serem pessoas jurídicas, enquanto a vida privada de pessoas físicas precisa ser protegida.

É viável avançarmos com propostas nesse sentido? Tudo depende, naturalmente, de relações de força. Mas estas dependem, em grande parte, da conscientização, da compreensão, por parte de camadas mais amplas da população, de como estão sendo exploradas, de maneira não só injusta mas burra, pelo travamento sistêmico e pela esterilização das imensas oportunidades que se abrem com os avanços tecnológicos e a sociedade do conhecimento. Não é sonho. Nunca subestimemos o poder das ideias. É o que tem transformado o mundo.

VII.
ONTEM E HOJE: SISTEMATIZAÇÃO DAS MUDANÇAS

Para facilitar a visão de conjunto, montamos uma tabela de mudanças, um tipo de "antes e depois" que anda na moda, mas que aqui pode ajudar a apreciar a amplitude do leque de transformações. Comentaremos em um parágrafo cada eixo de mudança, cuja articulação, na hipótese que adotamos, gera uma nova configuração. Os argumentos são, sem dúvida, repetitivos em relação aos capítulos anteriores, mas o objetivo aqui é justamente facilitar a visão de conjunto.

Figura 7 – Capitalismo ontem e hoje

SÉCULO XX	SÉCULO XXI
máquina	conhecimento
fábrica	plataforma
tangível	intangível
custo proporcional	custo marginal zero
expansão produtiva	restrição do acesso
compra e posse	direito de acesso e uso
ganhos na venda	ganhos no suporte
marketing informativo	manipulação individualizada
espaço nacional	espaço global
troca tradicional	
produtos/matéria-prima	dependência tecnológica
liberalismo global	novo protecionismo
remuneração por salário	remuneração por tarefas
expansão do emprego	elitismo e marginalização
salário baixo	dívida alta
finanças de fomento	finanças especulativas
lucros	dividendos
governo para a cidadania	governo para as corporações

1. Da máquina ao conhecimento: trata-se da transformação mais profunda, na medida em que terá impacto sobre as outras. O poder, no sentido mais amplo de constituir a dinâmica principal de organização econômica e social, deslocou-se de quem controlava a terra, na era feudal, para quem controlava as máquinas, na era do capitalismo industrial, e hoje para quem controla o conhecimento e os sistemas de informação correspondentes, inclusive os sinais magnéticos que constituem o dinheiro moderno.

2. Da fábrica à plataforma digital: continuamos a ter a General Motors e outras fábricas, mas o operariado num país industrial como os Estados Unidos representa hoje cerca de 10% da mão de obra. Os mais variados sistemas de gestão de sinais magnéticos (seja o que se representa hoje como Gafam, no Ocidente, seja o BATX, na China) ou o conjunto dos sistemas financeiros (como Wall Street, City ou os bancos sistemicamente importantes), esse conjunto de manejadores de teclas não está a serviço das cadeias produtivas, pelo contrário, as controla e explora. De certa forma, o castelo representava o poder feudal, a fábrica era a força do capitalismo, a plataforma digital constitui a nova dinâmica econômica.

3. Do tangível ao intangível: enquanto a própria produção de bens materiais é cada vez mais densa em tecnologia, o conjunto do processo, o financiamento, a comercialização e a distribuição, além dos controles e da gestão, passam a ser essencialmente intangíveis. O intangível, por sua vez, pelo fato de poder utilizar sinais magnéticos, *softwares*, algoritmos e inteligência artificial, passa a se reger por outra lógica econômica, torna-se reproduzível e comunicável de maneira ilimitada. André Gorz utiliza o conceito "imaterial".

4. Do custo proporcional ao custo marginal zero: produzir mais unidades de roupa exige mais matéria-prima, com aumento proporcional ao volume produzido. Na excelente formulação de Jeremy Rifkin, estamos entrando na era do custo marginal zero: uma vez coberto o custo inicial de uma pesquisa, a sua reprodução e disseminação não exige mais aportes. O livro online, uma ideia ou uma música podem ser disseminados sem custos adicionais, o que hoje gera ampla confusão entre o conceito de propriedade privada do século passado e as formas modernas de apropriação de bens não rivais. Mais pessoas lerem o meu livro online não gera nenhum custo adicional para mim.

5. Do aumento da produção à restrição do acesso: Henry Ford entendia perfeitamente que o aumento dos seus lucros dependia do aumento da escala de produção, ao reduzir o custo unitário (economias de escala) e ao atingir mais clientes. Eu utilizar o Word da Microsoft não gera nenhum custo adicional à empresa, mas o livre acesso ao programa é restrito por leis, pois a dificuldade do acesso é que obriga as pessoas a pagarem. É um monopólio de demanda, pois sou obrigado a usar o que os outros usam, não há concorrência viável. Isso envolve a tecnologia e as ideias de forma geral, levando à expansão absurda de patentes, *copyrights*, *royalties* e outras formas de ganhar sem novos esforços: mais dinheiro sem mais trabalho. Isso se aplica também aos bens comuns como água em regiões de escassez, praias ou parques privatizados. O ar e a água têm um imenso valor de uso, mas a maneira de aumentar o valor de troca é dificultar o acesso.

6. Da compra ao direito de acesso: no cotidiano, uma parte crescente da nossa renda é consumida não pela compra de um produto, que se torna nosso e encerra a transação comercial, mas pelo direito a ter uma programação minimamente decente na TV, acesso ao serviço de saúde, a uma conexão de internet, à telefonia móvel, a sistemas complementares de segurança e assim por diante. Como consumidores, ficamos amarrados a um "plano", inclusive com exigências de fidelidade e multas se exercemos o nosso direito de preferir um concorrente. Mas aqui se abre igualmente um leque de oportunidades: em vez da posse de um carro, por exemplo, posso preferir o acesso ao uso, como no caso dos carros públicos em Paris. Sai mais barato para todos. No Brasil, mal chegamos à bicicleta.

7. Da venda de produtos ao fornecimento de suporte: Eric Raymond, em *The Cathedral and the Bazaar* [A catedral e o bazar], marca bem este ponto: os processos ligados ao conhecimento são processos interativos. A própria compra de um *software* é o de menos. O processo de apoio, manutenção, serviços e atualização é que constitui o essencial. "Se (como é geralmente aceito) mais de 75% dos custos do ciclo de vida de um projeto típico de software está na manutenção, na depuração e nas extensões, então a política geral de se cobrar um preço de compra elevado e taxas de suporte relativamente baixas ou zeradas deverá levar a resultados que servem mal a todas as partes"[79]. A lógica da comercialização muda: compramos um produto barato, mas o que nos vendem é a necessida-

---

[79] Eric S. Raymond, *The Cathedral and the Bazaar: Musings on Linux and Open Source by an Accidental Revolutionary*, Sebastopol: O'Reilly, 1999, p. 120.

de de recorrer, no longo prazo, aos serviços proprietários de apoio. Já comprou um cilindro novo para a sua impressora?

8. Do *marketing* informativo à manipulação individualizada: a invasão da privacidade, muito além de fomentar o consumo, transformou-se em instrumento de manipulação diferenciada e individualizada, na medida em que as corporações e os governos passam a ter informações detalhadas sobre as nossas leituras, interesses políticos, estado de saúde, propensão a doenças, áreas de interesse e outros pormenores cuja importância descobrimos apenas quando um *e-mail* antigo nos prejudica ao buscarmos um emprego, quando uma comunicação pessoal nos impede de recebermos um visto, quando um seguro de vida se apresenta mais caro pelas informações que constam em nosso DNA e assim por diante. Trata-se, rigorosamente, de um mundo novo. O *chip* no pescoço ou subcutâneo já é uma realidade, apesar de ainda levantar protestos. É tudo para o nosso bem, naturalmente, mas um bem definido por outros. Na realidade, com controle individualizado de pessoas e de comportamentos até os níveis mais íntimos, as relações de poder mudam radicalmente no planeta. "*Big Brother is watching you*", desta vez de verdade.

9. Do nacional ao global: o sistema econômico, em particular na sua dimensão financeira e nos setores imateriais (comunicação, informação etc.), passa a funcionar no espaço global, dando origem a frases como "*space is dead*" ou a livros como *The World is Flat*. O livro que procuro na Amazon pode estar em qualquer parte do mundo, a consulta de uma informação pode encontrar resposta em qualquer documento, em qualquer língua, em qualquer instituição. Mas o sistema de regulação – as leis que buscam coibir a agiotagem, a evasão fiscal, os antibióticos nos nossos alimentos e semelhantes – varia segundo os 193 países-membros da ONU. Ou seja, a economia se rege em grande parte em espaços onde as leis não a atingem. A perda de governança, da capacidade de implementar políticas no nível dos governos, tende a se generalizar, e as pessoas começam a se perguntar qual o sentido do voto. Há uma economia global, mas não há um governo global.

10. Da troca desigual tradicional à dependência tecnológica: estamos acostumados a ver os países dominantes nos fornecerem produtos acabados e máquinas em troca de matéria-prima. Isso continua, em grande parte, mas o nível se deslocou. Hoje, os próprios processos produtivos podem ser transferidos para países de mão de obra mais barata, porém o acesso às tecnologias, ao uso da marca e semelhantes produtos imateriais são restritos. O escândalo mundial do travamento do direito de produzir de forma autônoma medicamentos, por exemplo, gera imenso sofrimento e mortes. Ha-Joon Chang, em *Chutando a escada*, mostra como países que sempre copiaram tudo até se tornarem dominantes, hoje, atacam qualquer flexibilização de acesso. Inúmeros autores e instituições se insurgem contra esse novo ciclo de dependência que aprofunda as desigualdades. A ampliação da abrangência de patentes e *copyrights* constitui, na realidade, uma nova forma de protecionismo, adaptada à economia do conhecimento, como o são as tarifas aduaneiras sobre bens físicos, tão denunciadas pelos adeptos da globalização.

11. Do liberalismo global ao novo protecionismo: em termos econômicos, na era da informação, os custos de transação dos sistemas proprietários são geralmente mais elevados – tempo, dinheiro, trapalhadas burocráticas, perda de potencial colaborativo, esterilização do efeito rede – do que os proveitos. O lucro dos grupos que controlam o acesso ao conhecimento e à cultura, ainda que grande, é muito pequeno em relação às perdas (ou lucros cessantes, como são chamados) que resultam do travamento dos processos criativos e do uso de inovações no planeta. E, frente aos dramas que hoje exigem democratização do conhecimento para reduzir a desigualdade, generalização das tecnologias limpas para reduzir o impacto climático, autorização de produção descentralizada de medicamentos para enfrentar tragédias que envolvem dezenas de milhões de pessoas e outras tensões, colocar pedágios em tudo para maximizar os lucros tornou-se irresponsável. O livre acesso é economicamente mais viável e produtivo, resultará em mais, e não em menos, atividades criativas. O mundo desenvolvido, que controla 97% das inovações, segundo Chang, trava a saída das tecnologias de que tanto precisamos e constrói muros para se proteger da pobreza que gera.

12. Da remuneração salarial à remuneração por tarefas: a contribuição criativa com ideias inovadoras não vai depender do tempo que passamos sentados no escritório. Gorz cita um relatório do diretor de recursos humanos da DaimlerChrysler: a contribuição dos "colaboradores", como os chama gentilmente o diretor, "não será calculada pelo número de horas de presença, mas sobre a base dos objetivos atingidos e da qualidade dos resultados. Eles são empreendedores"[80]. Recorrer a um trabalhador apenas quando dele se precisa em função de tarefas específicas abre as portas para a terceirização e para um conjunto de plataformas informais de contratação. Os impactos no nível de remuneração e na organização sindical são bastante evidentes. Trata-se de mudanças estruturais que afetam o conjunto das relações de trabalho.

13. Da expansão do emprego à elitização e à marginalização: a expansão das atividades industriais propiciou uma ampliação dos empregos direto e indireto pelo mundo afora. Novas empresas significavam mais empregos. O processo se mantém, sem dúvida, mas crescentemente as novas empresas passaram a significar uma redução do emprego. As Nações Unidas cunharam a expressão *jobless growth*, crescimento sem emprego. Houve muitas previsões catastrofistas, mas a realidade é que atingimos, sim, um limiar em que o ritmo de surgimento de novas atividades já não compensa os empregos perdidos. Em particular, o emprego mais sofisticado em termos tecnológicos se expande, mas se reduz o emprego que máquinas ou algoritmos podem substituir, aprofundando o fosso entre "profissões" e simples mão de obra. A marginalização atinge em particular o mundo em desenvolvimento, onde a dinâmica se disfarça como "setor informal", com "autônomos" e "autoempresários", mas na realidade representa

---

[80] André Gorz, O imaterial, op. cit., p. 17.

uma perda generalizada dos meios de se ganhar a vida. A construção de muros e o pânico dos ricos em relação aos imigrantes são patéticos, mas pertencem à mesma realidade da violência exercida contra os pobres nas periferias brasileiras.

14. Da exploração salarial à armadilha da dívida: a capacidade de compra dos trabalhadores depende, evidentemente, da política salarial, e a exploração tradicional se dá por baixos salários, originando a mais-valia. Hoje, no entanto, o endividamento de pessoas físicas, de empresas e de Estados gerou uma forma radicalmente mais poderosa de exploração. No Brasil, os juros pagos anualmente pelas famílias e, em particular, pela pequena e média empresa representam cerca de 15% do PIB, enquanto a parte dos nossos impostos transferida para intermediários financeiros pelo serviço da dívida pública representa cerca de 6% a 8%, conforme o ano. São mais de 20% do PIB servindo de mecanismo de exploração. Quando uma pessoa paga 100% de juros no crediário, tem a sua capacidade de compra reduzida à metade, e a sua necessidade de pagar a prazo será transformada em mecanismo de extorsão. Tais mecanismos são amplamente descritos no meu livro *A era do capital improdutivo*, inclusive com vídeos didáticos disponíveis em dowbor.org. O processo se tornou mundial, apenas mais grotesco no Brasil.

15. Das finanças de fomento às finanças especulativas: no Brasil, os bancos insistem em chamar tudo de "investimentos", quer se construa uma escola, quer se faça uma aplicação financeira. Posso enriquecer com aplicações que rendem, mas será um enriquecimento de transferência, eu não produzi nada, uma parcela da riqueza produzida pela sociedade apenas mudou de mãos. Nesta era da financeirização, os papéis renderam entre 7% e 9% nas últimas décadas, enquanto a produção de bens e serviços, o PIB mundial, cresceu apenas entre 2% e 2,5% ao ano. A massa da população não tem recursos financeiros para aplicar, mas os ricos aplicam muito, e ganham com juros e dividendos elevados sem precisar investir na produção. O mecanismo especulativo tornou-se a principal forma de acumulação de riqueza, o capital produtivo se transforma em patrimônio improdutivo. Quanto mais se aplica mais se ganha, o que gera o atual desastre de 1% das famílias mais ricas disporem de mais riqueza do que os 99% seguintes. É uma transformação radical das formas de exploração, que explica tanto o aumento da desigualdade como o frágil crescimento econômico, apesar de tantos avanços tecnológicos, ou ainda a expansão econômica da China, onde o sistema financeiro é controlado e orientado para investimentos produtivos.

16. De lucros a dividendos: a expansão das aplicações financeiras relativamente ao investimento produtivo desloca a apropriação do excedente social de "lucros" para "dividendos", estes últimos resultantes de diversos processos especulativos. Nas próprias corporações que efetivamente produzem bens e serviços, gera-se no topo uma solidariedade entre os executivos – que, hoje, recebem uma remuneração na faixa de 300 vezes o que ganha o trabalhador na base – e os acionistas que os nomeiam. O resultado é uma estagnação da remuneração dos trabalhadores e um reforço da exploração. Os executivos das empresas são, inclusive, remunerados em grande parte com ações da corporação, o que amplia a solidariedade com os acionistas externos. Não é mais o capitalista que dirige a corporação, e sim o executivo que depende dos controladores financeiros, "proprietários ausentes" (*absentee owners*) na formulação de Marjorie Kelly. No Brasil, os dividendos distribuídos não estão sujeitos à tributação sobre a renda, ainda que sejam milionários. No sistema de exploração, acrescentou-se um degrau.

17. Do governo para a cidadania ao governo para as corporações: a relação de poder mudou, no sentido de qualquer governo eleito precisar responder mais às exigências dos chamados mercados do que aos compromissos com a cidadania. Como vimos, Wolfgang Streeck sistematiza de forma clara o dilema entre Estado para a população ou Estado para o mercado: a fase do capitalismo democrático está desaparecendo. A composição de um governo como o de Donald Trump, com redução de impostos sobre as corporações, entrave às políticas ambientais e sociais e executivos do Goldman Sachs na direção da equipe econômica, ilustra o deslocamento do poder e a profundidade das transformações. A presença de banqueiros na direção do Banco Central e do Ministério da Economia, no Brasil, reflete a mesma tendência. Não é mais a era do *lobby*, e sim do exercício direto do poder. As eleições presidenciais de 2018 apenas agravaram a deformação.

Esse conjunto de transformações gera um sistema com outra lógica. Outra base produtiva, outras formas de comercialização, outras dinâmicas de remuneração e de exploração, outras bases de poder e de controle das populações. Em particular, não se trata mais de liberdade de concorrência no mercado, com a tradicional mão invisível, e sim de um sistema baseado no poder articulado das corporações, regido pela mão pesada dos grupos financeiros e apropriando-se do próprio Estado e da nossa vida. É tempo de revermos as nossas referências.

O interesse que temos em pensar mais o futuro que se forma do que o passado que se deforma é que nos facilita entender as dimensões sistêmicas de um novo modo de produção centrado na financeirização, na informação, no conhecimento, na conectividade, no conjunto do que se tem chamado de intangível ou imaterial. Tal como houve uma era baseada no trabalho da terra e outra na atividade industrial, hoje surge com rapidez uma nova era, baseada em outras lógicas. Essa era tanto pode ser mais opressiva e exploradora como aberta e libertadora. Limitar a nossa ação a tentar resistir às deformações não basta, precisamos orientar as nossas pesquisas para as lógicas e os potenciais do futuro.

O denominador comum que buscamos é a liberação dos potenciais positivos da era do conhecimento, com acesso democrático e aberto ao conhecimento, desintermediação dos sistemas financeiros e direcionamento das novas capacidades para o enfrentamento das duas catástrofes que se aprofundam na nossa civilização: a destruição ambiental e a desigualdade explosiva. Temos os meios e os fins, falta construir as políticas. Olhando o que acontece no nosso planeta neste início de milênio, a tendência é achar que estamos entrando na era do conhecimento com a tecnologia do *Homo sapiens* e a política dos primatas. O desafio não é econômico, é civilizatório.

REFERÊNCIAS

ABERNATHY, Nell; HAMILTON, Darrick; MORGAN, Julie Margetta. *New Rules for the 21st Century: Corporate Power, Public Power, and the Future of the American Economy.* New York: Roosevelt Institute, abr. 2019. Disponível em: <https://rooseveltinstitute.org/wp-content/uploads/2019/04/Roosevelt-Institute_2021-Report_Digital-copy.pdf>.Acesso em: 9 abr. 2020.

ALPEROVITZ, Gar; DALY, Lew. *Apropriação indébita: como os ricos estão tomando a nossa herança comum.* Trad. Renata Lucia Bottini. São Paulo: Editora Senac, 2010.

ANGELL, Marcia. *A verdade sobre os laboratórios farmacêuticos: como somos enganados e o que podemos fazer a respeito.* Trad. Waldéa Barcellos. Rio de Janeiro: Record, 2007.

ARCHIBUGI, Daniele; HELD, David; KÖHLER, Martin (org.). *Re-imagining Political Community: Studies in Cosmopolitan Democracy.* Stanford: Stanford University Press, 1998.

BAUMAN, Zygmunt. *Capitalismo parasitário: e outros temas contemporâneos.* Trad. Eliana Aguiar. Rio de Janeiro: Zahar, 2010.

BELL, Daniel. *The Coming of Post-Industrial Society: a Venture in Social Forecasting.* New York: Basic Books, 1999. [Ed. bras.: O advento da sociedade pós-industrial: uma tentativa social. Trad. Heloysa de Lima Dantas. São Paulo: Cultrix, 1977.]

BROWN, Ellen H. *The Public Bank Solution: from Austerity to Prosperity.* Baton Rouge: Third Millennium Press, 2013.

BROWN, Lester R. *Plano B 4.0: mobilização para salvar a civilização.* Trad. Cibelle Battistini do Nascimento. São Paulo: New Content; Ideia Sustentável, 2009.

CAMPELLO, Tereza (coord.). *Faces da desigualdade no Brasil: um olhar sobre os que ficam para trás*. Brasília: Flacso/Clacso, 2017. Disponível em: <http://dowbor.org/2017/12/tereza-campello-faces-da-desigualdade-no-brasil-um-olhar-sobre-os-que-ficam-para-tras-flacso-brasil-2017-80p.html/>. Acesso em: 16 mar. 2020.

CHANG, Ha-Joon. *Chutando a escada: a estratégia do desenvolvimento em perspectiva histórica*. Trad. Luiz Antonio Oliveira de Araujo. São Paulo: Editora Unesp, 2004.

CHESNAIS, François. "La Théorie du capital de placement financier et les points du système financier mondial où se prépare la crise à venir". *A L'Encontre*, 26 abr. 2019. Disponível em: <http://alencontre.org/economie/la-theorie-du-capital-de-placement-financier-et-les-points-du-systeme-financier-mondial-ou-se-prepare-la-crise-a-venir.html>. Acesso em: 16 mar. 2020.

COMISIÓN Mundial sobre el Futuro del Trabajo. *Trabajar para un futuro más prometedor*. Ginebra: OIT, 2019. Disponível em: <https://www.ilo.org/wcmsp5/groups/public/---dgreports/---cabinet/documents/publication/wcms_662442.pdf>. Acesso em: 14 abr. 2020.

DAUVERGNE, Peter. *Will Big Business Destroy our Planet?* Cambridge; Medford: Polity, 2018.

DOWBOR, Ladislau. "Dicas de leitura: Defying Hitler: a memoir", ago. 2003. Disponível em: <http://dowbor.org/2003/08/defying-hitler-a-memoir.html/>. Acesso em: 9 abr. 2020.

_____. "Bons filmes: Hannah Arendt: além do filme", 14 ago. 2013. Disponível em: <http://dowbor.org/2013/08/hannah-arendt-alem-do-filme-agosto-2013-3p.html/>. Acesso em: 16 mar. 2020.

_____. *O pão nosso de cada dia: processos produtivos no Brasil*. São Paulo: Fundação Perseu Abramo, 2015. Disponível em: <http://dowbor.org/blog/wp-content/uploads/2012/06/Ladislau-DOWBOR-O-P%C3%A3o-Nosso-de-Cada-Dia.pdf>. Acesso em: 19 abr. 2020.

_____. *O que é poder local?* Imperatriz: Ética, 2016. Disponível em: <http://dowbor.org/blog/wp-content/uploads/2012/06/Dowbor-_Poder-Local-portal.pdf>. Acesso em: 18 abr. 2020.

_____. "Dicas de leitura: Joseph Stiglitz – Rewriting the rules of the American economy: an agenda for shared prosperity – New York, London, W. W. Norton &Company – 2015, 237 p. – ISBN 978-0-393 -25405-1", set. 2016. Disponível em: <http://dowbor.org/2016/09/stiglitz-rewriting-the-rules-of-the-american-economy-an-agenda-for-shared-prosperity-new-york-london-w-w-norton-company-2015-237-p-isbn-978-0-393-25405-1.html/>. Acesso em: 9 abr. 2020.

_____. "Artigos recebidos: Oxfam – Uma economia para os 99% – 2017 (13p.)", jan. 2017. Disponível em: <http://dowbor.org/2017/01/oxfam-uma-economia-para-os-99-2016-relatorio-10p.html/>. Acesso em: 9 abr. 2020.

_____. "Dicas de leitura: A distância que nos une – Oxfam Brasil, setembro de 2017, 94p.", set. 2017. Disponível em: <http://dowbor.org/2017/09/a-distancia-que-nos-une-oxfam-brasil-setembro-de-2017-94p.html/>. Acesso em: 19 mar. 2020.

_____. *A era do capital improdutivo*. 2. ed. São Paulo: Outras Palavras; Autonomia Literária, 2018. Disponível em: <http://dowbor.org/blog/wp-content/uploads/2018/11/Dowbor-_-A-ERA-DO-CAPITAL-IMPRODUTIVO.pdf>. Acesso em: 11 abr. 2020.

_____. "Vídeos: Curso 'Pedagogia da Economia' com Ladislau Dowbor – Instituto Paulo Freire – 2018 – 15 aulas", ago. 2018. Disponível em: <http://dowbor.org/2018/08/curso-pedagogia-da-economia-com-ladislau-dowbor-instituto-paulo-freire-2018-15-aulas.html/>. Acesso em: 16 mar. 2020.

DURKHEIM, Émile. *Da divisão do trabalho social*. Trad. Eduardo Brandão. São Paulo: Martins Fontes, 1999.

FRIEDRICH-Ebert-Stiftung. "Digitalização e o futuro do trabalho: resumo do estudo 'Trabalhar 4.0', elaborado pelo Ministério Federal de Trabalho e Assuntos Sociais da

Alemanha". *Análise.* São Paulo: 2017, n. 37. Disponível em: <http://library.fes.de/pdf-files/bueros/brasilien/13785.pdf>. Acesso em: 12 abr. 2020.

GORZ, André. *O imaterial: conhecimento, valor e capital.* Trad. Celso Azzan Jr.; Celso Cruz. São Paulo: Annablume, 2005.

HAFFNER, Sebastian. *Defying Hitler: a Memoir.* New York: Picador, 2003.

HAIDT, Jonathan. *The Righteous Mind: Why Good People Are Divided by Politics and Religion.* New York: Pantheon Books, 2012. [Ed. bras.: A mente moralista e as origens da polarização contemporânea. Trad. Antonio Kuntz. 3. ed. [S.l.: s.n.] 2020.

HARVEY, David. *A loucura da razão econômica: Marx e o capital no século XXI.* São Paulo: Boitempo, 2018.

HASKEL, Jonathan; WESTLAKE, Stian. *Capitalism without Capital: the Rise of the Intangible Economy.* Princeton: Princeton University Press, 2018.

HEAVEN, Douglas. "How Google and Facebook Hooked us – and How to Break the Habit". *New Scientist,* 7 fev. 2018. Disponível em: <https://www.newscientist.com/article/mg23731640-500-how-google-and-facebook-hooked-us-and-how-to-break-the-habit/>. Acesso em: 14 abr. 2020.

HESS, Charlotte; OSTROM, Elinor. *Understanding Knowledge as a Commons: from Theory to Practice.* Cambridge: MIT Press, 2007.

IANNI, Octavio. "A política mudou de lugar". *São Paulo em Perspectiva.* São Paulo: v. 11, n. 3, 1997, pp. 3-7. Disponível em: <http://produtos.seade.gov.br/produtos/spp/v11n03/v11n03_01.pdf>. Acesso em: 18 abr. 2020.

IBGE, Coordenação de População e Indicadores Sociais. *Síntese de indicadores sociais: uma análise das condições de vida da população brasileira.* Rio de Janeiro: IBGE, 2019. Disponível em: <https://biblioteca.ibge.gov.br/visualizacao/livros/liv101678.pdf>. Acesso em: 12 abr. 2020.

JEFFERSON, Thomas. "Thomas Jefferson to Isaac McPherson", 13 ago. 1813. Em: KURLAND, Philip B.;

LERNER, Ralph (org.). *The Founders' Constitution*, v. 3. Indianapolis: Liberty Fund, 2001. Disponível em: <http://press-pubs.uchicago.edu/founders/documents/a1_8_8s12.html>. Acesso em: 17 abr. 2020.

KELLY, Marjorie. *Owning our Future: the Emerging Ownership Revolution*. San Francisco: Berrett-Koehler Publishers, 2012.

KROEBER, Arthur R. *China's Economy: What Everyone Needs to Know*. 2. ed. New York: Oxford University Press, 2019.

LAKEY, George. *Viking Economics: How the Scandinavians Got it Right – and How we Can, Too*. Brooklyn: Melville House, 2016.

LESSIG, Lawrence. *Remix: Making Art and Commerce Thrive in the Hybrid Economy*. New York: Penguin Press, 2008.

MAHMOOD, Mona et al. "Revealed: Pentagon's Link to Iraqi Torture Centres". *The Guardian*, 6 mar. 2013. Disponível em: <https://www.theguardian.com/world/2013/mar/06/pentagon-iraqi-torture-centres-link?INTCMP=SRCH>. Acesso em: 19 abr. 2020.

MILL, John Stuart. *The Subjection of Women*. Mineola: Dover Publications, 1997.

MYRDAL, Gunnar. *An American Dilemma: the negro problem and modern democracy*. New York: Harper, 1944. [Ed. bras. condensada: Negro: o dilema americano. Trad. Leônidas Gontijo de Carvalho. São Paulo: Ibrasa, 1988.

NEATE, Rupert. "Apple leads race to become world's first $1tn company". *The Guardian*, 3 jan. 2018. Disponível em: <https://www.theguardian.com/business/2018/jan/03/apple-leads-race-to-become-world-first-1tn-dollar-company>. Acesso em: 11 abr. 2020.

OCAMPO, José Antonio. "A reforma da tributação corporativa internacional: a perspectiva da ICRICT". Trad. Luiz Barucke. *Nueva Sociedad*, jul. 2018. Disponível em: <http://nuso.org/media/articles/downloads/TG2_Ocampo_EP18.pdf>. Acesso em: 16 abr. 2020.

OXFAM International. "5 Shocking Facts about Extreme Global Inequality and How to Even It Up". Nairobi, [s.d.]. Disponível em: <https://www.oxfam.org/en/even-it/5-shocking-facts-about-extreme-global-inequality-and-how-even-it-davos>. Acesso em: 20 mar. 2020.

PIMENTEL, Diego Alejo Vázquez; AYMAR, Iñigo Macías; LAWSON, Max. *Reward work, not wealth*. Oxford: Oxfam GB, 2018. Disponível em: <https://oi-files-d8-prod.s3.eu-west-2.amazonaws.com/s3fs-public/file_attachments/bp-reward-work-not-wealth-220118-summ-en.pdf>. Acesso em: 12 abr. 2020.

QUINTARELLI, Stefano. "A revolução digital e as transformações sociais", trad. Rodrigo Bravo, fev. 2019. Disponível em: <http://dowbor.org/2019/02/stefano-quintarelli-a-revolucao-digital-e-transformacoes-sociais-fev-2019-10p.html/>. Acesso em: 9 abr. 2020.

RAYMOND, Eric S. *The Cathedral and the Bazaar: Musings on Linux and Open Source by an Accidental Revolutionary*. Sebastopol: O'Reilly, 1999.

REICH, Robert. *O futuro do sucesso: o equilíbrio entre trabalho e qualidade de vida*. Trad. All Tasks. Barueri: Manole, 2002.

RIFKIN, Jeremy. *O fim dos empregos: o contínuo crescimento do desemprego em todo o mundo*. Trad. Ruth Gabriela Bahr. São Paulo: M.Books, 2004.

_____. *The Empathic Civilization: the Race to Global Consciousness in a World in Crisis*. New York: Penguin, 2009.

_____. *The Zero Marginal Cost Society: the Internet of Things, the Collaborative Commons, and the Eclipse of Capitalism*. New York: Palgrave Macmillan, 2014. Disponível em: <http://digamo.free.fr/rifkin14.pdf>. Acesso em: 10 abr. 2020. [Ed. bras.: *Sociedade com custo marginal zero: a internet das coisas, os bens comuns colaborativos e o eclipse do capitalismo*. Trad. Monica Rosemberg. São Paulo: M.Books, 2015.]

SIMS, Julian *et al*. *How Money Works: the Facts Simply Explained*. London: Dorling Kindersley Limited, 2017.

SOUZA, Jessé; VALIM, Rafael (org.). *Resgatar o Brasil*. São Paulo: Contracorrente; Boitempo, 2018.

STIGLITZ, Joseph E. "Joseph E. Stiglitz's Adress to Panel on Defending Human Rights (revised)". In: UN Forum on Business and Human Rights, Geneva, 3 dez. 2013. Disponível em: <https://www8.gsb.columbia.edu/faculty/jstiglitz/sites/jstiglitz/files/2013_UN_Biz_HR.pdf>. Acesso em: 9 abr. 2020.

_____. *Rewriting the Rules of the American Economy: an Agenda for Growth and Shared Prosperity*. New York: Roosevelt Institute, 2015. Disponível em: <https://rooseveltinstitute.org/wp-content/uploads/2015/10/Rewriting-the-Rules-Report-Final-Single-Pages.pdf>. Acesso em: 17 abr. 2020.

STIGLITZ, Joseph E.; GREENWALD, Bruce C. *Creating a Learning Society: a New Approach to Growth, Development and Social Progress*. New York: Columbia University Press, 2015.

STOUT, Lynn. *The Shareholder Value Myth: How Putting Shareholders First Harms Investors, Corporations and the Public*. San Francisco: Berrett-Koehler Publishers, 2012.

STREECK, Wolfgang. *Buying Time: the Delayed Crisis of Democratic Capitalism*. Trad. Patrick Camiller e David Fernbach. New York: Verso, 2014. [Ed. bras.: Tempo comprado: a crise adiada do capitalismo democrático. Trad. Marian Toldy e Teresa Toldy. São Paulo: Boitempo, 2018.]

SUNDARARAJAN, Arun. *The Sharing Economy: the End of Employment and the Rise of Crowd-Based Capitalism*. Cambridge: MIT Press, 2016.

SUSSKIND, Richard; SUSSKIND, Daniel. *The Future of the Professions: How Technology Will Transform the Work of Human Experts*. Oxford: Oxford University Press, 2015. [Ed. port.: O futuro das profissões: como a tecnologia transformará o trabalho dos especialistas humanos. Lisboa: Gradiva, 2019.]

SWENEY, Mark. "Tencent, the $500bn Chinese Tech Firm You May Never Have Heard of". *The Guardian*, 13 jan. 2018. Disponível em: <https://www.theguardian.com/business/2018/jan/13/tencent-the-500bn-chinese-tech-firm-you-may-never-have-heard-of>. Acesso em: 11 abr. 2020.

TOFFLER, Alvin. *A terceira onda: a morte do industrialismo e o nascimento de uma nova civilização*. 28. ed. Trad. João Távora. Rio de Janeiro: Record, 2005.

TOUSSAINT, Éric. *Le Système dette: histoire des dettes souveraines et de leur répudiation*. Paris : Editions Les Liens qui Libèrent, 2017.

TUCHMAN, Barbara W. *The March of Folly: from Troy to Vietnam*. New York: Knopf, 1984. [Ed. bras.: A marcha da insensatez: de Troia ao Vietnã. Trad. Carlos de Oliveira Gomes. Rio de Janeiro: Record, 2012.]

UNCTAD. *Trade and Development Report 2017: Beyond Austerity, Towards a Global New Deal*. New York; Geneva: United Nations, 2017. Disponível em: <https://unctad.org/en/PublicationsLibrary/tdr2017_en.pdf>. Acesso em: 12 abr. 2020.

VITALI, Stefania; GLATTFELDER, James B.; BATTISTON, Stefano. "The Network of Global Corporate Control". *Plos One*, 26 out. 2011, v. 6, n. 10. Disponível em: <https://journals.plos.org/plosone/article?id=10.1371/journal.pone.0025995>. Acesso em: 9 abr. 2020.

WAAL, Frans de. *Our Inner Ape: a Leading Primatologist Explains Why We Are Who We Are*. New York: Riverhead Books, 2005.

WORLD Bank Group. *World Development Report 2019: the Changing Nature of Work*. Washington: World Bank, 2019. Disponível em: <http://documents.worldbank.org/curated/en/816281518818814423/pdf/2019-WDR-Report.pdf>. Acesso em: 14 abr. 2020.

ZUBOFF, Shoshana. *The Age of Surveillance Capitalism: the Fight for a Human Future at the New Frontier of Power*. New York: Public Affairs, 2018.

Ladislau Dowbor *é economista e professor titular de pós-graduação da Pontifícia Universidade Católica de São Paulo (PUC-SP). Foi consultor de diversas agências das Nações Unidas, governos e municípios, além de várias organizações do sistema "S". Autor e coautor de cerca de quarenta livros, toda sua produção intelectual está disponível online na página dowbor.org.*

Fonte Gothiks Condensed da Blackletra e Eames Century Modern
Papel capa Supremo Duo Design 300 g/m²
    miolo Pólen Soft 70 g/m²
Impressão Elyon Soluções Gráficas Ltda.
Data julho de 2021